Susanne Kellner

Du hast mich auf den Kopf gestellt

Überleben mit einem besonderen Kind

Susanne Kellner

Du hast mich auf den Kopf gestellt

Überleben mit einem besonderen Kind

SCM
Hänssler

SCM

Stiftung Christliche Medien

Der SCM-Verlag ist eine Gesellschaft der Stiftung Christliche Medien, einer gemeinnützigen Stiftung, die sich für die Förderung und Verbreitung christlicher Bücher, Zeitschriften, Filme und Musik einsetzt.

71088 Holzgerlingen
Internet: www.scm-haenssler.de · E-Mail: info@scm-haenssler.de

Die Bibelverse sind, wenn nicht anders angegeben, folgender Ausgabe entnommen:
Neues Leben. Die Bibel, © der deutschen Ausgabe 2002 und 2006 SCM R.Brockhaus im SCM-Verlag GmbH & Co. KG, Witten.

Umschlaggestaltung: Kathrin Spiegelberg, Weil im Schönbuch
Titelbild: www.fotohaustrefzger.de
Satz: typoscript GmbH, Walddorfhäslach
Druck und Bindung: CPI – Ebner & Spiegel, Ulm
Gedruckt in Deutschland
ISBN 978-3-7751-5590-8
Bestell-Nr. 395.590

Meinem Mann, dem größten aller Helden.

INHALT

EINLEITUNG

»Wie geht man mit so etwas um?«, werde ich häufig im Vorbeigehen oder auch bei einer Tasse Kaffee gefragt. Ehrlich gesagt, meistens schreibe ich lieber, als mich unter Menschen zu begeben. Denn ich bin gern allein. In der Einsamkeit versuche ich, meine Gedanken- und Gefühlsstürme zu ordnen. Auf diese Weise ist dieses Buch entstanden. Über einen Zeitraum von sechs Jahren schildere ich die Höhen und Tiefen meines Lebens mit Jonathan, unserem schwerbehinderten Kind mit begrenzter Lebenszeit. Jonathan, der mich mit seinem Sein und seiner Erkrankung unwiderruflich auf den Kopf gestellt hat! Dabei habe ich viele bunte Mosaiksteine gesammelt: was mich ermutigte und tröstete, zum Weinen und zum Lachen brachte, wie Gott immer leise und liebevoll seine Finger im Spiel hatte.

Wenn Sie dieses Buch lesen, lassen Sie sich auf eine emotionale Achterbahnfahrt aus Erschütterungen und Fragen ein: Fragen, die in manchen Zeiten nie enden zu wollen scheinen. Fragen, auf die es keine Antworten gibt. Es wird unschwer zu erkennen sein, dass ich noch immer mittendrin stecke in einem Prozess, dessen Ausgang sich nur vermuten lässt. Mittendrin stecken bedeutet in diesem Zusammenhang auch, die Spannung, sich selbst treu zu bleiben und gleichzeitig verändert zu werden, auszuhalten.

Dennoch oder vielleicht gerade deshalb möchte ich Sie einladen, sich mit mir auf die Reise zu machen. Wer hat sich noch nie über den einen oder anderen »Rat-Schlag« geärgert? Wer hat noch nie über sich selbst gelacht? Wer hat sich noch nie gezwungen gesehen, über sich selbst hinauszuwachsen? Welche Geschichte gleicht einem neuen Hemd, frisch gewaschen und glatt gebügelt? So traurig und schmerzhaft Ereignisse sein mögen, sie ändern nichts an der ihnen zugrunde liegenden Wahrheit: Selbst in seiner Zerbrechlichkeit bleibt das Leben unsagbar schön und wertvoll! Mögen sich eines Tages alle Mosaiksteine zu einem einzigartigen, wunderbaren Bild zusammensetzen!

1 SCHNELLER BLITZ

»Tor! Tor!« Mein vierjähriger Sohn ist restlos begeistert. Mühevoll zieht er seinen grünen Rollator hinter sich her, um genug Halt zum Stehen zu haben. Seine kranken Beine schlittern mehr, als dass sie laufen.

Dennoch hat er es wieder einmal geschafft. Der Fußball fliegt über das Hofpflaster und landet vor dem hohen Zaun zum Nachbargrundstück. »Tor!«

Jonathan ist Spastiker; körperbehindert oder, wie in den Durchsagen auf den Gleisen der Deutschen Bahn formuliert, ein Mensch mit »Mobilitätseinschränkung«. Wenn ich den Rollstuhl und meine Joggingschuhe zusammendenke, kommt mir Gott irrsinnig ironisch und skurril vor. Nein, natürlich sind Behinderungen nicht witzig. Doch ich frage mich seit Langem und immer wieder: Be-hinderung – worin besteht diese eigentlich? Welcher Mensch auf dieser Welt lebt gänzlich ohne Einschränkung?

Im Alter von drei Jahren war Jonathan der festen Überzeugung, er müsse nur seine Jogginghose anziehen, um mit mir durch den Wald laufen zu können. Weit gefehlt. Doch welche Mutter bringt es übers Herz, ihrem gutgläubigen Jungen diese Hoffnung zu nehmen? Eines Tages kommt Jonathan freudestrahlend vom Kindergarten. Er heiße ab jetzt nicht mehr Jonathan, sondern nur noch »schneller Blitz«. Neugierig frage ich nach, was es damit auf sich habe. Für eine Kunstausstellung beschäftigen sich die Kinder mit Hundertwasser. Der berühmte Künstler hat sich selbst den Namen Friedensreich Regentag Kunterbunt Hundertwasser gegeben. Deshalb durfte jedes Kind einen Künstlernamen für sich suchen.

Ich denke an unser gemeinsames Training im Fitnessstudio. Jonathan marschiert so gut er kann bis zu dreißig Minuten in einem Tempo von 0,8 km/h auf dem Laufband. Ohne Rollator und Rollstuhl käme er außer Haus keine vier Meter. Schneller Blitz. Ist das nicht übertrieben? Wenn nicht ein Wunder geschieht, wird dieser Junge nie ohne Hilfsmittel gehen können und schnell sowieso nicht. Was für eine lebensbejahende und mutige Namensgebung! Ich bin schwer beeindruckt! Seit Wochen sind ihm seine Einschränkungen mehr als bewusst. Sie schmerzen ihn. »Mama, warum habe ich kranke Beine?« – In seinem Selbstverständnis ist und bleibt er dennoch der »schnelle Blitz«.

Die Identitätsfindung meines Kindes berührt mich tief. Im Leben geht es um viel mehr als um eine originelle Namensgebung oder eine realistische Selbsteinschätzung. Ich habe keinen Zweifel: In Gottes Augen ist Jonathan der über alle Maßen geliebte, wunderbar geschaffene schnelle Blitz. Wie oft sehe ich meine menschlichen Defizite, das, was ich tatsächlich bin, im Vergleich mit anderen, mit dem, was ich wünschte zu sein! Wie oft sehne ich mich danach, unerschütterlich, festen Herzens in Gottes Wahrheit zu leben! Wir sind Gottes geliebte Kinder!

Die Namensgebung eines großen Künstlers hat Kinder dazu motiviert, über ihr Selbstverständnis nachzudenken. Annahme und Liebe drücken sich in den faszinierenden Namen aus, die sie für sich finden. Mich dagegen quälen manchmal Fragen, wie andere mich beurteilen oder was ich selbst von mir halten soll. Ich glaube, ich habe meine Behinderung im Kopf! Mein Sohn ist mein Vorbild! Was für ein Geschenk, dass er aller Nüchternheit zum Trotz beschlossen hat, der schnelle Blitz zu sein! Welchen Künstlernamen würde ich wählen?

2 ERMUTIGUNGSBRIEF

Eigentlich habe ich Deutsch und Französisch auf Gymnasiallehramt studiert und als Lehrerin gearbeitet. Nach der Geburt meines zweiten Kindes blieb dafür kein Freiraum mehr. Jetzt sitze ich mit einem behinderten Kind und einem einjährigen Energiebündel namens Matthea im zweiten Stock eines heruntergekommenen Altbaus.

Mein Mann ist Pfarrer. Wir haben Residenzpflicht in der Pfarrwohnung, die sich im zweiten Stock über den Gemeinderäumen befindet. An Ausgang ohne Begegnung mit diversen Gemeindemitgliedern ist nicht zu denken.

Natürlich haben viele Menschen Ideen, was ich als Pfarrfrau zu tun und zu lassen habe. Aber das reißt mich bei aller Liebe zu Jesus nicht vom Hocker. Ich bin nicht zufrieden und keiner kann etwas dafür. Werde ich die nächsten Jahre meines Lebens damit fristen, meinem Mann den Rücken frei zu halten, die Kinder großzuziehen und Jonathan den bestmöglichen Start in eine wenig integrativ denkende Gesellschaft zu gewährleisten? Viele berufstätige Turbo-Frauen, die augenscheinlich alles – Beruf, Haushalt, Kleinkinder – unter einen Hut bekommen, obwohl der Mann nie da ist, können nicht nachvollziehen, was ein besonderes Kind an Kraft und Aufwand kostet. Mit den eingefleischten Vollblutmüttern – »Ein Lächeln meines Babys nach einer durchwachten Nacht, und alles ist wieder gut« – konnte ich mich noch nie identifizieren. Ich brauche meinen Schlaf zur Gute-Laune-Garantie.

Natürlich habe ich Respekt vor berufstätigen Müttern, und vor Müttern und Hausfrauen aus Überzeugung nicht weniger! Jeder muss seinen eigenen Weg finden. Aber wo ist meiner? Und gibt es hier jemanden, der mich meint und sieht? Gott, du weißt doch, dass ich Kuchen backen und Basteln hasse. Schaust du von oben zu, wie mein Gehirn vor geistiger Unterforderung einrostet?

Eines Tages komme ich nach Hause und habe die üblichen Erledigungen hinter mir. Auf der giftgrünen Treppe im Stil der 70er-Jahre liegt ein DIN-A5-Umschlag, adressiert an »SANNE KELLNER«, umrahmt von orangefarben leuchtenden Streifen. Was für eine gelungene Überraschung! Ich liebe Briefe! Was ich zu lesen bekomme, treibt mir Tränen der Rührung in die Augen.

Sie sind eine ganz und gar bezaubernde Person und Lehrerin. So eine hätte ich selbst immer gern gehabt! Ich werde nie vergessen, wie Sie an jenem ersten Elternabend das Klassenzimmer betraten, um sich vorzustellen! Das war so ungemein herzerfrischend und Energie spendend, ich war ganz hingerissen. Ich habe das Bedürfnis, Ihnen etwas von der wunderbaren Energie und Wärme, die Sie ausstrahlen, zurückzugeben und möchte Sie gerne mit zwei Tickets einladen zu einer meiner Vorstellungen.
Mit herzlichsten Grüßen, Mama von A.

Mir wird schwindelig vor Freude und Glück! Inhaltlich, sprachlich, stilistisch höchstes Niveau und zwei Karten für ein Theaterprogramm! Ein Ermutigungsbrief einer echten Künstlerin! Sie erinnert sich zurück an die Zeit, als ich ihre Tochter in Französisch unterrichtet hatte. Himmlisch kommt mir das vor. Wie konnte ich daran zweifeln, dass du mich wahrnimmst, Gott? Ich erlebe, wie gut du meinen Geschmack kennst! Ich lese und staune, wie du meine Vorstellungen bei Weitem übertriffst!

Einige Tage später sitzen mein Mann Dirk und ich gespannt wie die Flitzebögen im Theater in Basel. Auf dem Programmblatt wird mit außerordentlichen Texten und entsprechender Musik geworben. Äußerst außerordentlich, würde ich sagen. Etwas so eigensinnig Geniales und wunderbar Berührendes habe ich selten an einem Abend, von einer einzigen Person ins Publikum gezaubert, gesehen! Hier wird das Leben auf die Bühne gebracht, wie es ist: herausfordernd, humorvoll, tiefgründig, zerbrechlich, geheimnisvoll und unvergleichlich schön! Singend, Klavier und Theater spielend, in Szene setzend, kommt das alles mit einer unerschütterlichen Leichtigkeit daher, dass ich nur sprachlos staunen kann! Kleinkunst, die ihren Namen zu Unrecht trägt, weil sie große Kunst, gigantisch-geniale Lebenskunst ist! Dieser Abend geht mir nachhaltig unter die Haut. Was ist diese Frau für ein begnadetes Genie!

Ich will mich bedanken für die unvergesslichen Sternstunden! Was und wie schreibe ich ihr? Eigentlich sollte es eine Postkarte werden, uneigentlich entsteht ein Brief, der geradezu aus meinem Herzen fließt. Begeisterungsströme. Anerkennungswellen. *Chapeau, chapeau*! Ich erinnere mich noch zu gut daran, wie mich meine Mitschüler verspotteten, als ich im Deutschunterricht eines meiner Gedichte vorlas. Dennoch werfe ich tollkühn und todesmutig einen Anker aus. Ich schicke dieser Frau den Text meines ersten Liedes, das ich im Alter von siebzehn Jahren verfasst habe. Einige Monate zuvor hatte ich meinen Mann kennengelernt. Das Gefühlschaos war perfekt!

No risk, no fun. Ich habe nichts zu verlieren. Die sehe ich wahrscheinlich nie wieder!

Liebeslied

Du hast mich nur geseh'n und
gehört, ich sag ja.
Doch außer diesem Lächeln
waren tausend Dinge da.
Ich hab das Weltall umjubelt
und bin in Euphorie
über Berge gehüpft,
hab mich gefreut wie noch nie.
Den Ozean durchschwommen,
nur um bei dir zu sein.
Auf Knien um die Welt,
Herbstlaub und selbst der kleinste Stein
sollten mit mir danken, wissen,
jetzt kann auch ich fliegen
und mit meiner Gewissheit
die Zweifel besiegen.

Das ist ein Teil von dem,
was in mir geschah,
als deine Liebe für mich
felsenfest war.
Das ist ein Teil von dem,
vertraut und bekannt,
wofür kein Mensch
die passenden Worte erfand.

Ich hab mich fallen lassen,
bin in Moos versunken,
in Blumen gebadet,

vom Sonnenrot getrunken
bis zum Mond, ich vergaß
in alldem jegliche Zeit
und doch niemals genug
von deiner Zärtlichkeit.

Doch nur ein Teil von dem,
was in mir geschah,
als deine Haut für mich
spürbar war.
Doch nur ein Teil von dem,
vertraut und bekannt,
wofür auch ich
die passenden Worte
nie fand.

3 DIE LÖFFELLISTE

Ich werde den Tag nie vergessen, an dem ich unter Schock meine Löffelliste aus der Schublade kramte. Vor einigen Monaten hatten mein Mann und ich uns einen gemütlichen Filmabend gegönnt und *Das Beste kommt zum Schluss* angeschaut. Zwei Männer Anfang fünfzig – in den Hauptrollen Jack Nicholson und Morgan Freeman – erfahren, dass sie unheilbar an Krebs erkrankt sind. Ihre Wochen und Monate sind gezählt. Anstatt zu verzweifeln, erstellt sich jeder eine Löffelliste mit all den Dingen, die er noch erleben möchte, bevor er – den Löffel abgibt. Die Szenen dieses Films hatten mich damals sehr berührt. Eine Löffelliste schreiben – was für eine grandiose Idee! Sofort hatte ich den Stift gezückt und nicht lange überlegen müssen. Das Blatt hatte sich wie von selbst gefüllt.

Einen Marathon laufen. Mit meinen O-Beinen bleibt das ein problematisches Unterfangen. Die Ärzte empfehlen mir, eine andere Sportart zu wählen. Leider schmerzen beide Knie bereits nach sechs bis acht Kilometern Joggen! Oder liegt es daran, dass Gott etwas anderes mit mir vorhat?

Paragliding – ein Tandemflug. Ich muss an Reinhard Meys Lied *Über den Wolken* denken. Leicht und sorglos im blauen Himmel zu schweben stelle ich mir wunderschön vor. Vielleicht im kommenden Sommer, wenn wir Urlaub in den Bergen machen?

Ein Buch schreiben. Tatsächlich – das war schon immer ein Lebenstraum. Wann packt man ein solches Projekt an? Habe ich wirklich keine Zeit oder rede ich mich nur heraus? Hätte ich überhaupt den Mut, aus meinem Leben zu erzählen, oder würde die Angst, mich zu sehr zu entblößen, siegen? Und selbst wenn ich es wagen würde – gäbe es auf dieser Welt Menschen, die das interessiert?

Einem alten, herzallerliebsten Schulfreund einen anonymen Brief schreiben. Schon erledigt!

Andi Weiss persönlich kennenlernen. Zugegeben, von seinen Büchern habe ich bislang nur Ausschnitte gelesen oder in Predigten davon gehört. Seine einzigartige Songpoesie hat es mir angetan. Darin höre und spüre ich einen tieferen Lebenssinn. Aus Erfahrungen werden Worte und Töne, die erzählen! Fantastisch!

Ein Wochenende mit Daniel Brühl, Schauspieler in den Filmen *Die fetten Jahre sind vorbei* oder *Good Bye, Lenin.* Okay, das ist ziemlich hoch gegriffen, ich sehe es ein.

Musik machen. Wollte ich als kleines Mädchen nicht Sängerin werden? Das wollten allerdings viele. Das war doch die Alternative zum eigenen Reiterhof. Seit Jahren schreibe ich eigene Songs. In meinen kühnsten Träumen stehe ich auf einer Bühne und gebe meine Lieder zum Besten. In fett gedruckten Buchstaben ist auf dem Programm zu lesen: *Das Leben ist (k)ein Ponyhof!*

Ab und zu ein bisschen spinnen, sich auf Aladins fliegendem Teppich ins eigene Wunderland tragen lassen, das wird wohl erlaubt sein?! Ob ich meine Löffelliste jemals vollständig durchführen werde, weiß ich nicht. Aber ich werde erleben, wie sich mein liebevoller Gott hinter mich stellt. Immer wieder werde ich mich fragen, wie ich in einem turbulenten Alltag mit zwei extrem unterschiedlichen Kindern und einem Mann, dessen Terminkalender nahezu immer voll ist, überlebe. Und Gott, der kreative Schöpfer, wird Türen öffnen!

4 EIN- UND AUSATMEN

Jonathan wird jeden Tag schwerer. »Herr, bewahre mich vor dem Bandscheibenvorfall, bitte!«, ist eines meiner häufigsten Gebete. Nichtsdestotrotz will ich etwas unternehmen, prophylaktisch und überhaupt. Mein Mann steht auf sportliche Frauen. Das nahe gelegene Fitnessstudio wirbt mit dem Slogan *Zeit für ein neues Lebensgefühl*. Dieses Bedürfnis habe ich tatsächlich! Vor allem, wenn ich mit Jonathan von einem unserer zahllos scheinenden Klinikbesuche zurückkomme. Im Fitnessstudio atme ich aus. Dank der Kinderbetreuung am Morgen gewinne ich ein bis zwei Stunden Freiheit. Lange Zeit ist es die einzige Möglichkeit, unabhängig von den Arbeitszeiten meines Mannes etwas für mich zu tun. Das ist mein *Cool down* nach atemlosen Tagen.

Vor dem ersten Training sitze ich einem jungen, dynamischen Trainer gegenüber. Freundlich heißt er mich willkommen und fragt nach meinen Hobbys und dem Beruf. »Der ist ganz schön neugierig. Vielleicht gehört das aber auch zum Berufsbild und kann als Interesse für die Kundin verstanden werden«, denke ich. »Was ist dein Trainingsziel?« Zu dem Zeitpunkt ist es noch die Steigerung vom Halbmarathon zum Marathon. »Was sind denn deine Problemzonen?«, will er nun wissen. Problemzonen? Ich runzle die Stirn. »An welchen Stellen möchtest du gezielt arbeiten?«, erklärt er nicht ohne Grinsen im Gesicht. Demonstrativ schaue ich an mir herunter und erwidere: »Welche Problemzonen? Problemzonen gibt es meiner Meinung nach nur im Kopf.« Da lacht er. »Ja, so kann man das auch sehen.« Nein, natürlich bin ich nicht Heidi Klum. Unweigerlich meldet sich in diesem Moment meine blühende Fantasie. Mit Vergnügen male ich mir in einem Kurzfilm vor Augen, wie sich dieser perfekt durchtrainierte junge Mann bei vorwiegend jüngeren Damen engagiert und sich in liebevoller Fürsorge persönlich darum kümmert, dass die eine oder andere Problemzone zur erotischen Traumszene wird. Ich lache in mich hinein und grinse frech aus mir heraus. Ich weiß, bei dem hätte eine Frau wie ich nie eine Chance. Denn ich bin 70-60-90, nicht 90-60-90. Mit blonden Haaren und langen Beinen kann ich auch nicht dienen. Aber wen stört das schon? Ich bedaure, dass ich nicht schlagfertig gekontert habe: »Tut mir leid, jeden Abend wird mir nach einem Bier und einer Tüte Chips schlecht.« Beim nächsten Gespräch mit einem anderen Trainer bin ich wesentlich gewiefter. »Knackiger Po, ohne knackigen Po läuft bei uns gar nichts!« Problemzone gelöst.

Im Fitnessstudio atme ich aus. Wenn es schon nichts wird mit meinem Marathon, will ich mich wenigstens exzessiv bewegen. Ein Angebot im Studio ist Fahrradfahren zur Musik, im Fachjargon *Spinning*. »Das Spinning ist genau der richtige Kurs für dich«, meint mein Trainer. »Du kannst dich entscheiden, ob du das Fahrradfahren zu Musik lieber gemütlich möchtest oder anspruchsvoll. In letzterem Fall kommst du montagabends zu mir.« Grins! *Reif für das gelbe Trikot:* ein Poster der Tour-de-

France schmückt den kleinen, stickigen Raum, in dem etwa fünfundzwanzig Spinning-Räder bereitstehen. Wenn alle Räder auf Vorbestellung belegt werden, gibt es auf dem Boden lustige Schweißpfützen. Klar, die Athleten kommen genau in diesen Kurs. Außen auf der Türe ist ein witziger Aufkleber mit der Aufschrift »Spinner« angebracht. Ich muss an die Rockband *Revolverheld* mit ihrem Titel *Spinner* denken. *Das geht raus an alle Spinner, wir sind die Gewinner, kennen keine Limits, für heute, für immer.*[1] Hier fühle ich mich wohl. Jeden Montag spinne ich. Ist es nicht ein wunderbares Lebensgefühl, wenn der Puls langsam, aber sicher nach oben hechtet? Ist es nicht schön, im Schweiße seines Angesichts allen Stress aus der Seele zu treten, um sich danach müde und frei zu fühlen?

Das lustige Treiben in der Umkleide ist wie eine Krönung nach der sportlichen Anstrengung. Da werden alte, schlaffe Körperkonturen in spitzenbesetzte BHs gesteckt, schlüpfrige Tangas über Schwabbelpopos gezogen, farbenfrohe Lippenstifte aufgetragen und die Haare formverliebt frisiert. Ein Applaus an das Leben und die Liebe. In meiner direkten Art kann ich mich manchmal gar nicht zurückhalten: »Entschuldigen Sie, wenn ich das jetzt so sage, aber Sie tragen ausgesprochen geschmackvolle Unterbekleidung! Die steht Ihnen wirklich ausgezeichnet!« Mit einem schüchtern-verlegenen Lachen wird mein Blick quittiert. In meinem Bauch kribbelt es vor Freude – Kompliment angekommen. Ich stelle mir vor, wie diese Frau über sechzig innerlich ein bisschen wächst und sich ihrer zeitlosen Schönheit in diesem Moment bewusst wird. Die anderen grinsen verstohlen und wissen, ah, die Sanne ist wieder da. Denn im Fitnessstudio kennt mich fast jeder. Ich bin die mit dem behinderten Kind.

5 KINDERKLINIK

Regelmäßig sind wir wegen diverser Untersuchungen und Blutentnahmen in der Endokrinologie, Immunologie und im SPZ, dem Sozialpädiatrischen Zentrum für Bewegungsstörungen. Jonathan leidet unter einem Wachstumshormonmangel, Ekzemen, einem genetisch bedingten chronischen Immundefekt – *Hypogammaglobulinämie* – und einer *spastischen Diparese*. Das bedeutet, dass sein Immunsystem nicht ausreichend Antikörper gegen Krankheitserreger bildet. Ohne Rollstuhl kann Jonathan zu diesem Zeitpunkt nur mit Hilfe eines Rollators wenige Meter gehen. Eine eindeutige Diagnose kann von keinem der Spezialisten gestellt werden. Aber alle sind fleißig am Forschen.

Die Kliniktage kosten mich viel Kraft. Ich stehe um sechs Uhr morgens auf, Matthea wird bei einer Freundin abgegeben. Eine Stunde später sitze ich mit Jonathan im Auto. Vor Ort müssen wir uns zuerst an der Pforte anmelden. Hier regeln wir die Verwaltungsformalitäten und erhalten die notwendigen Papiere und Aufkleber für die Sprechstunden. Gegen halb neun checken wir auf Station ein. Mit Glück ergattern wir ein kleines Zimmer, denn Jonathan meckert und will spielen. Eine Dreiviertelstunde warten wir auf das Sedativum, das Beruhigungsmittel, das Jonathan für die Untersuchung ruhig stellt. Das Zeug schmeckt widerlich, er spuckt die Hälfte davon aus. Eine halbe Stunde später kommt die Krankenschwester erneut. Jonathan bekommt das Sedativum nun anal, in der Hoffnung, dass es drin bleibt. Um zehn Uhr beginnen die Untersuchungen. Ein neuer Facharzt der Immunologie stellt sich vor. Wir füllen ein Dutzend Formulare aus, zur Erfassung der letzten Infekte und anderem. Um halb elf schläft Jonathan noch immer nicht, wird aber dennoch zur Radiologie abtransportiert. Zu gern hätte ich mich in den Vorraum gesetzt, um mich schreibend zu ordnen. Aber das Personal bevorzugt es, wenn ich direkt neben dem riesigen Magnetresonanzgerät sitze. Durch einen Spiegel könne Jonathan mich sehen und fühle sich dann nicht allein. Das ist gut. Das Kontrastmittel für die Aufnahmen wurde bereits verabreicht. Ich unterschreibe noch mal zwei Formulare. Nun wird Jonathan in die gigantische Röhre geschoben. Mit Höllenlärm arbeitet die Hightech-Maschine. Gott sei Dank habe ich einen Kopfhörer auf. Für die Bilder muss es stockdunkel um mich sein. Die medizinisch-technischen Assistenten halten sich in einem kleinen Nebenraum vor ihren Computern auf. Wenn sich Jonathan nicht bewegt und alle Aufnahmen gut werden, dürfen wir in dreißig Minuten wieder heraus. Die Atmosphäre empfinde ich immer als beklemmend. Wir werden noch viele MRTs hinter uns bringen. Bestenfalls lässt sich Jonathan auf die Vorstellung ein, dass er als Raumfahrer in seiner Rakete liegt und durch das Weltall braust. Sobald er etwas älter ist, darf er CDs hören, um die Zeit zu vertreiben. Ich freue mich, dass der medizinische Assistent Franzose ist. Sein unwiderstehlicher Akzent erinnert mich an mein Studienjahr in Südfrankreich. Das war eine unvergessliche Zeit damals. Hier und jetzt passen sich meine Gedanken leider zunehmend der klinischen Enge und Sterilität an. Welche Erkrankung hat mein Goldstück wirklich? Wann werden die Ärzte es wissen? Was wird es für ihn und für uns als Familie bedeuten? Jonathan liegt in der medizinischen Röhre und ich wünschte, ich wäre enthoben in einer sorglosen Welt voller Wunder, Gedankenreisen-Luxus ins *Savoir-vivre* und *C'est la vie*.

Gegen Mittag kommen wir zurück auf die Station. Mein Sohn ist vom Beruhigungsmittel und dem MRT-Schlaf vollkommen verdreht. Mühevoll füttere ich ihn mit dem Inhalt der servierten Plastikschale: Huhn und Reis. Die Schwester verspricht uns, dass der Arzt bald zur Besprechung kommt. Eine Stunde später ist noch immer kein Weißkittel in Sicht. Ich erkläre mit Nachdruck, dass ich nach Hause muss und nicht länger warten kann. Binnen fünf Minuten erscheint ein Arzt und sagt: »Tschüss. Die Ergebnisse besprechen wir im Oktober.« Warmer Händedruck. Freundliches Lächeln.

Um halb zwei befinde ich mich müde und hungrig auf der Autobahn Richtung Heimat. Wann erspähe ich das nächste Fast-Food-Restaurant, weil ich von meinen diversen Snacks gar nicht satt bin? Endlich! Ein Rasthof – Fish and Chips. Als ich gegen drei Uhr am Nachmittag zu Hause eintrudle, will Dirk gleich weiter ins Büro, Matthea hatte noch nichts von ihrer Mama und Jonathan fühlt sich quicklebendig und ausgeschlafen. Der Tag kann weitergehen.

Nein, das ist nicht wahr. Matthea hat Fieber! Beim Kinderarzt stellt sich heraus, dass sie nicht in den Kindergarten gehen kann und auch noch ein weiteres Mal abgehört werden muss. Nein, der Kinderarzt spricht mich auch noch auf meinen Lippenherpes an! Das sei mit Sicherheit stressbedingt! Jetzt platzt mir der Kragen, weil ich nur noch meine Ruhe will. Es reicht! In Kürze fasse ich ihm die vergangenen Wochen zusammen. Stimmt, da war noch die Operation der hochgradigen Vorhautverengung, die Jonathan wegzustecken hatte. Ehrlichkeit hilft immer. Schweigend kramt er unseren dicken Ordner mit den tausend Arztberichten hervor, stellt alle notwendigen Über- und Einweisungen für die folgenden Untersuchungsmarathons aus und schaut mich an. Er weiß, wie mein Alltag aussieht. Vor Wut und Frust würde ich am liebsten losheulen. »Frau Kellner, ich bewundere Sie«, sagt er ernst. Danke! Das tut richtig gut! Die Sprechstundenhilfe wirft mir einen mitfühlenden Blick zu und lobt mein Outfit. (Heute trage ich meine *I've got the power*-Bekleidung, schwarzer Rock auf knallig pinkfarbener Strumpfhose, geblümte Weste.)

Vornehmlich am Wochenende landen die aktuellen Arztbriefe in unserem Briefkasten. Die Berichte stehen in Fachchinesisch schwarz auf weiß. Die *spastische Diparese* bei unklarer *Leukencephalie* wurde um die *Spitzfußstellung* beiderseits ergänzt. Wir wollen wissen, was Jonathan hat. Wenn wir ins Internet gehen und mögliche Erkrankungen recherchieren, wird uns speiübel oder wir quälen uns unruhig in den Schlaf. Deshalb tun wir uns das schon lange nicht mehr an. Montagmorgens wähle ich sofort die Nummer der Kinderklinik und will den Immunologen sprechen. »Alles wie gehabt. Nichts Neues. Wir forschen weiter.« »Die im Arztbericht auftauchenden Diagnosen? Für keine von ihnen gibt es ausreichende Anhaltspunkte, die Kriterien werden nur ansatzweise erfüllt. Kein Grund zur Sorge.« Für ein paar Wochen fällt mir ein Stein vom Herz. Doch aufgeschoben ist nicht aufgehoben.

Am Ende von Kliniktagen sehne ich mich nach Zweisamkeit mit meinem Liebsten oder stundenlangen einsamen Spaziergängen. Die Seele braucht Zeit zum Verarbeiten der Ereignisse. Es gibt Dinge, die sich bei allen inneren Bemühungen nicht als Routinemaßnahme abhaken lassen. Oder handelt es sich um eine furchtbare Vorahnung aus mütterlicher Intuition? Beim Laufen versuche ich, die beengenden Gefühle abzuschütteln. Vor Müdigkeit bin ich wie erschlagen.

6 BELIEVE!

Ich achte an keinem einzigen Tag darauf, mit welchem Fuß ich aufstehe. Dafür bleibt gar keine Zeit. Aber dass es seltsame Tage gibt, das will ich nicht bestreiten. An einem besonders merkwürdigen Tag erwache ich und bin gefühlsmäßig in PMS-Stimmung. Launisch, muffelig, kann nichts, aber auch gar nichts gutheißen! Selbst die Dinge nicht, die ich sonst mag! Ich kann mich selbst nicht leiden, und ich kann nicht leiden, dass ich mich nicht leiden kann, obwohl ich mich leiden können will. Doch das Schlimmste daran ist: Bis zur Menstruation sind es noch zwei Wochen!!! Plötzlich, wie aus dem Nichts, ist dieser Zustand da wie in Trickfilmen die graue Regenwolke über dem Kopf. SOS! Hilfe!

Meine gesammelte Intelligenz setze ich ein, um gegenzusteuern. Griesgrämige Gedanken aufspüren und gegen neue, bessere austauschen. Wohlwollend, mitfühlend und freundlich zu mir selbst sein. Irgendwann kommen die Gefühle hinterher. Nichts nützt. Das Alles-ist-blöd-Gefühl hält hartnäckig stand.

Ich beschließe, mich meinem Alltagsgeschehen zu widmen, dem nie endenden Kreislauf aus Waschen, Putzen, Einkaufen, Kochen, Spülen. Unterwegs zum Supermarkt beginnt es tatsächlich zu regnen. In mir schimpft und tobt alles. Gleichzeitig passt das Wetter ironisch gut. Nachdem ich die Einkaufsliste von Regal zu Regal abgearbeitet habe, komme ich links vor der Kasse am Wühltisch vorbei. Hier finden sich Sonderangebote, Artikel zum halben Preis wegen Verfall des Haltbarkeitsdatums, Sachen, die aus dem Sortiment genommen werden. Kurz: eine lustige Sammlung von Schnäppchen. Ich liebe das. Mürrisch werfe ich einen Blick auf den vollen Korb. Ist an diesem Tag etwas für mich zu holen? Ich fische einen kitschigen Dekorationsartikel in Form eines Steins mit der Aufschrift *Believe* heraus. »Ich wusste gar nicht, dass die auch Billigschrott führen«, motzt eine Stimme in mir. Skeptisch drehe ich den Stein hin und her und frage mich, was die für das hässliche Ding verlangen und wer diesen Plunder kauft. An der Kasse meine ich, Gottes Stimme zu hören: »Der Stein ist für dich. Glaube!« Göttliche Offenbarung am Wühltisch eines Supermarkts? Ich bin verwirrt. Urplötzlich verlasse ich meinen Platz in der Schlange vor der Kasse und steuere zielsicher auf den Angebotskorb zu. Ich nehme den Stein in die Hand und betrachte ihn erneut, aber jetzt aus einer anderen Perspektive. »Ich bin bei dir. *Believe*!« In mir läuft ein Film ab. Situationen, Ereignisse und Gegebenheiten, die mich in der letzten Zeit enttäuscht, entmutigt oder frustriert haben, ziehen an meinem inneren Auge vorüber. Noch einmal zum Mitlesen: »*Believe*! Glaube!« Etwas skeptisch bezahle ich einen Euro für den ästhetisch fragwürdigen Artikel. Ich weiß, wohin ich ihn zu Hause lege. Er wird den Ehrenplatz in der Küche auf dem Fensterbrett erhalten. Dringen auf dem Heimweg Sonnenstrahlen durch die Regenwolken, oder waren sie schon vorher da? Nein, meine

Laune hat sich nicht schlagartig geändert. Aber auf einmal ist hier Raum für etwas Vertrautes und Wiedergewonnenes: meinen Glauben.

Wie oft versuche ich, Lösungen und Wege zu ersinnen, mit dem Kopf Wände einzurennen und mir die Zähne an Problemen auszubeißen. Der Glaube steht meinen Verkrampfungen gegenüber. Lächelnd. Wartend. Glaube – das ist es. Vielleicht nicht nur, aber vor allem das hat mir gefehlt. *Was ist nun also der Glaube? Er ist das Vertrauen darauf, dass das, was wir hoffen, sich erfüllen wird, und die Überzeugung, dass das, was man nicht sieht, existiert.*[2] Danke, Gott, für deine kreative Art, mich daran zu erinnern.

7 ÜBERRASCHUNG

Kurz vor Weihnachten sehe und staune ich! Ein Päckchen dieser Kleinkünstlerin flattert ins Haus. Eine gelungene Überraschung! Sie schickt mir das Buch *Der Weg des Künstlers* von Julia Cameron, ein 12-Wochen-Programm zur Intensivierung der eigenen Kreativität. »In Wirklichkeit sind Sie eine Poetin!«, schreibt sie auf einer Postkarte, die ein ebenso niedliches wie freches Eichhörnchen beim Nüsseknabbern im Schnee zeigt.

Das Buch ist ein einziges Abenteuer und stellt mein Denken komplett auf den Kopf. Sollte ich künstlerisch begabt sein? Sollte ich Talente haben, die bislang im Schatten schlummerten, oder der Vernunft wegen im Verborgenen bleiben mussten? Was sind meine wahren Träume? Wo liegt meine tiefste Sehnsucht?

Ich lese, dass in vielen Menschen ein Künstler steckt. Dieses Wesen ist das innere Kind. Wenn es wahrgenommen und gut gepflegt wird, sprüht es vor Ideen. Einige Jahre später begegnet mir diese steile These wieder: Beim Besuch einer Freundin in ihrem kunterbunt gestalteten Haus fällt mein Blick auf einen großen Kunstdruck von Joseph Beuys. Der Aktionskünstler arbeitete jahrelang als Professor an der Kunstakademie in Düsseldorf und vertrat die Auffassung: *Jeder Mensch ist ein Künstler.* Zwei einfache Mittel helfen der eigenen Kreativität auf die Sprünge: das Schreiben von Morgenseiten und das Durchführen von Künstlertreffs. Ab jetzt besteht mein Morgenritual darin, bei einer Tasse Kaffee meinen vollkommen freien und unzensierten Gedankenfluss auf drei Seiten weißes Blatt Papier zu bringen. Wahnsinn, wie mir vieles klar wird, was sonst im Dunkeln des Unterbewusstseins dämmern müsste! Angenehmes und Unangenehmes, Lustiges und Beschwerendes. Ich darf authentisch sein, gnadenlos authentisch! Außerdem liebt es das innere Kind, ausgeführt zu werden. Auf was habe ich schon lange Lust und gönne es mir nicht? Allein in meiner Lieblingskneipe eine Zeitschrift lesen, einen ausgiebigen Waldspaziergang im Regen machen, eine Ballettaufführung anschauen? Kinder wollen spielen, zeit- und zwecklos sein, spinnen, sich verlieren, sich finden in der unendlichen Weite ihrer Fantasie. Was für eine einzigartig schöne Vorstellung, neu auf sich zu hören, Erahntes wiederzufinden und Verborgenes zu entdecken!

Am meisten gefällt mir die Übung mit der Zukunftsperspektive: Was will ich erreicht haben, wenn ich mit achtzig Jahren auf mein Leben zurückblicke? Was kann und will ich heute, in fünf, in zehn Jahren dafür tun oder getan haben? Ich bin begeistert und verblüfft. Hier schließt sich ein Kreis. Ich bin wieder bei meiner Löffelliste angelangt. Ist es nicht wunderbar, sich selbst Freiräume zu schenken, um dem Wirklichen auf die Spur zu kommen?

In einem anderen Kapitel steht ein provozierender Satz: *Anfangs fühlt sich Normalwerden wie Verrücktwerden an.*[3] Ich bekomme eine Gänsehaut. Wie lange habe ich fälschlicherweise angenommen, ich sei nicht ganz normal oder von einem anderen Stern? Heute stehe ich mit einer melancholischen Miene vor dem Spiegel und schaue mich bitterböse an: »Was fällt dir ein, aus der Masse fallen zu wollen?« Ich schneide Grimassen, so blöd und ausgiebig, bis ich lachen muss und das Lachen anhält. Ist das normal? Verrückt ist normal. Genauso ist es. Diese Frau Cameron hat einen unglaublichen Sinn für tiefe Wahrheiten!

Oder mein Kleidungsstil, immer etwas Spezielles, sagt man. In Wirklichkeit ist es genau umgekehrt. Jahrelang habe ich Klamotten getragen, die jeder hat, weil sie gerade modern sind. Das ist doch fragwürdig. Irgendwann habe ich nur noch gekauft und angezogen, was mir gefällt, ohne Rücksicht auf Fremdurteile, Modewellen oder Textilindustrie. Und was ist bitte schön verrückt daran, mal ein paar Jährchen auszusteigen aus dem Mühlrad routinierter Zwänge, um einem Herzenswunsch zu folgen? Natürlich habe ich mich oft gefragt: Aufstehen, zur Arbeit gehen, Geld verdienen, Freizeit genießen, schlafen, ab und zu in Urlaub fahren und dann wieder alles von vorn – zu welchem Zweck und mit welchem Sinn? Schön, dass ich das gar nicht beantworten muss. Denn ich habe mich eines Besseren vergewissert: Ich bin normal.

Außerdem ist da noch so viel scheinbar Vergessenes von damals. Damals, als ich ein kleines Mädchen war voller verrückter, unrealistischer, aber herzensnaher Ideen: der Steinway-Flügel irgendwann im Wohnzimmer und die Konzerte als Sängerin. Ich wühle ein paar meiner vor Pubertät strotzenden Gedichte aus alten Kisten. Ja, damals wagte ich noch zu träumen! Und wenn ich könnte, wie ich wollte, ohne Grenzen, ohne unüberdachte Grundsätze, ohne das, was man sagt oder meint, ohne das, was man macht oder nur wegen anderen unterlässt? Wer oder was wäre ich dann? Was würde ich tun?

Hat es in meinem Leben bisher so etwas wie Kreativität gegeben? Was hat mir Flügel verliehen? Was hat mich inspiriert? Wie viele Möglichkeiten sind schon im Keim erstickt und, kaum zum Leben erweckt, bereits begraben worden? Ich sehe, wie vortrefflich dieses quer gedachte Buch zu der Kleinkünstlerin passt! Das ist eindeutig ihre Lebensphilosophie! Wie steht es mit mir? Sollte ich es wagen, eine Art Bilanz zu ziehen?

Erinnerungen werden wach. Damals in der vierten Klasse wurde mein erstes Gedicht in der Schülerzeitung veröffentlicht. Ich spielte Klavier, nicht sonderlich toll, aber mit Passion. Seit ich schreiben konnte, liebte ich Worte! Als ich meinem Mann begegnete, hatte ich ihm viel zu erzählen! Um die hundert DIN-A5-Hefte erhielt er in blauer Tinte auf umweltfreundlich karierten Blättern. Ein Schulfreund interessierte sich für meine reimenden Zeilen. Mit ihm schwelgte ich und tauchte ab in die Poesie der großen Dichter. Der Deutschlehrer des Leistungskurses freute sich riesig über meine lyrische Leidenschaft und schenkte mir mehrere Gedichtbände von Hilde Domin. Noch heute gehören sie zu meinen persönlichen Bestsellern und werden unermüdlich verschlungen. Der Literaturkurs hatte es mir über die Maßen angetan. Als sogenanntes Orchideenfach, zwei Stunden die Woche, durften wir zu verschiedenen Themen unter Anleitung eines außergewöhnlichen Lehrers texten. Zugegeben, meine poetische Fassung zum Titel *Es* bei der Klassenarbeit hatte ich vorher verfasst und auswendig gelernt. Nichtsdestotrotz erntete ich bewunderndes Erstaunen des unkonventionellen Paukers. Das waren lockere Sahnehäubchen-Punkte fürs Abitur, wie vom Himmel gefallen. Schön und schmerzhaft empfinde ich die Erinnerungsreise. Wie ein zarter roter Faden zieht sich die Kreativität durch mein Leben, manchmal deutlich, manchmal versteckt. Fördernde und Entmutigende gab es. Der Dozent von der Universität ignorierte meinen Beitrag, als ich am Grab meiner verstorbenen Freundin Worte las, die ich ihr zum Abschied hätte sagen wollen. Der Germanistenkurs im Referendariat samt dem Auszubildenden war angetan von meinen Songs. Bevor ich die Menschen vom

Kurs nie wiedersehen sollte, sagte ich auf meine Weise Adieu. Dilettantisch auf der Gitarre begleitet, kamen die beiden Lieder daher. Dennoch zeigten sie Wirkung. Einige Kolleginnen hatten Tränen in den Augen, andere umarmten mich. Die Erfahrungen, die den Songs vorausgingen, waren authentisch. Sie wollten behutsam etwas von meinem persönlichen *Savoir-vivre* ausdrücken.

Das Buch über Kreativität bringt mich restlos durcheinander. Wäre es in meiner Situation nicht sinnvoller, sich im Fitnessstudio um einen 400-Euro-Job zu bemühen, statt nach dem Wind verlorener Träume zu haschen? Was bilde ich mir ein, wer ich bin? Die Rentenkasse, die Vernunft, der Status quo, die anderen, das Sollen, das Müssen und überhaupt: Was soll daraus werden? Wäre da nicht das Herz! Oder ist es das innere Kind, das sich über alles erhebt und schreit: »Sing, schreib, spiel, vertrau! Ich bin da!«? Aus der Perspektive Julia Camerons habe ich dieses Kind viel zu lange vernachlässigt. Wieder erinnere ich mich an meine Schulzeit, *Leonard Cohen, Suzanne* – ich bekam damals dieses Lied als Liebeserklärung von einem einzigartigen Freund vorgespielt: *Suzanne takes you down to her place near the river. You can hear the boats go by. You can spend a night beside her. And you know, she's half crazy. But that's why you wanna be there.*[4]

Im Grunde weiß ich, was ich will. Meinen Arbeitsplatz an der Schule muss ich wegen Jonathans besonderen Bedürfnissen und Dirks anspruchsvollem Beruf sowieso nach der Elternzeit kündigen. So flexibel, wie ich zu sein habe, ist kein Arbeitgeber. Oder ist »freischaffend« die Antwort auf meine Phase der Orientierungslosigkeit? Idealistisch und verträumt, mit meinem gesammelten Vertrauen auf Wunder nehme ich eine Art Anpassung vor. Die Welt um mich verkleinert sich. Die Welt in mir wuchert in wundersame Weiten. Ich ersetze die drei klassischen Ks der Pfarrfrau: Kinder, Kirche, Küche durch Kinder, Kirche, Kunst. Auf einmal fühlt sich alles unsagbar gut und richtig an.

Gott weiß, welche wunderbaren Menschen noch an meiner Seite reisen wollen. Er bereitet sie vor und schickt sie mir wie leuchtende Sterne über den Weg. *And you want to travel with her, you want to travel blind. And you know she'll find you. For she's touched your perfect body with her mind.*[5]

8 SPIELPLATZ

Heute inszeniere ich wieder gezwungenermaßen das Tierchen im Zoo. Frau mit behindertem Kind wird von allen angestarrt, die sich auf dem Spielplatz aufhalten. Wegen des überraschend frühlingshaften Wetters ist das Gelände regelrecht überfüllt. Mindestens acht Mütter, ein Vater und um die fünfzehn Kinder im Alter von null bis sieben Jahren toben und spielen. Wir kommen mit dem Rolli gerade noch rechtzeitig, um Pipi zu machen. Ins Gebüsch am Rand hätten wir es nicht mehr geschafft. Deshalb halten wir neben dem Mülleimer, der auch vor einem kleinen Busch steht – immerhin. In Hast und gereizt ziehe ich Jonathan gerade noch rechtzeitig die Hose herunter und lasse ihn auf seinen Orthesen stehen. Mit den Händen kann er sich ausreichend am Rand des Mülleimers abstützen. Ich entdecke drei sympathische Mütter und habe Lust, mich mit ihnen zu unterhalten. Aber so weit kommt es nicht. Keine drei Sekunden später ruft eine andere Mutter, mein Sohn verpinkle sich gerade seine Jacke. Also eile ich zurück. Es ist nicht schlimm, die wollte ich sowieso waschen. Wieso schafft er das immer noch nicht allein? Oder hätte er ohne die dicke Jacke ein Erfolgserlebnis gehabt?! Sicher! Ich stelle Jonathan in Orthesen am Klettergerüst ab und hoffe, er erklimmt wie letztes Jahr mutig das Holzgestell. Endlich habe ich Zeit für drei Sätze lockeren Plauschens! Matthea hat sich im Sand gut zurechtgefunden. Da meldet sich auch schon die nächste Mutter, Jonathan brauche meine Hilfe. Ich renne zurück zum Klettergerüst mit Rutschbahn. Warum kann nicht einfach jemand anderes meinem Sohn auf die Sprünge helfen, damit mir fünf Minuten zum Durchatmen bleiben? Jonathan will nicht rutschen, sondern durch die Autoreifen hinabklettern. Ich bin ehrlich gesagt nicht erfreut. Mittlerweile ist Jonathan so schwer, dass ich ihn weder auffangen noch tragen kann. Letzten Sommer blieb er so ungeschickt zwischen den Autoreifen stecken, dass ich alle Mühe hatte, ihn einigermaßen heil herauszubefördern. In meiner Not schlage ich vor, dass er das bleiben lassen soll, sonst müsse die Feuerwehr kommen wie im Bilderbuch mit der Katze auf dem Baum. Das war pädagogisch unklug. Jetzt will Jonathan erst recht! Er schwingt sich gleich auf den ersten Reifen. Au ja, die Feuerwehr! Unsere Show belustigt so manche. Irgendwie habe ich das Gefühl, dass sämtliche Augen auf uns gerichtet sind, und prompt folgt auch schon wieder einer dieser tollen Tipps, die ich unglaublich liebe. Ich solle meinen Sohn machen lassen, Kinder bräuchten das. Danke für die mitdenkende Anteilnahme. Wer zerrt den laut Arztbericht *leicht adipösen*, das heißt fettleibigen, Jungen samt Orthesen und Schuhen aus dem Gerüst? Ich allein sicher nicht. Sieht die gar nicht, dass ich Hilfe benötige statt dummer Sprüche? Ich ärgere mich über mich selbst. Warum rege ich mich über die Frau auf? Keine Ahnung haben, aber Hauptsache den eigenen Senf dazugeben! Jonathan bewältigt die Klettertour zu meinem Erstaunen fast allein. Ich bin stolz und begeistert, klatsche Bravo. Sofort will er noch einmal. Wieder ein Kommentar. Ich beiße mir fünffach auf die Zunge, um keinen bitterbösen Spruch zu erwidern. Gott sei Dank schätzt ein netter Vater meine Lage richtig ein. Als Jonathan sich dieses Mal schmerzhaft verklemmt und weder vorwärts noch rückwärts zu bewegen ist, rufe ich nicht die Feuerwehr. Zu zweit ziehen wir meinen Kämpfer irgendwie heraus, nicht ohne Geschrei seinerseits. Wieder Spektakel für die neugierigen Beobachter. Dann reicht es Jonathan für diesen Tag und mir sowieso.

Ich ärgere mich noch immer über die »Rat-Schlägerin«. In der pädagogischen Theorie bin ich auch sehr kompetent, sogar staatlich geprüft. Die Realität steht auf einem ganz anderen Blatt, vor allem wenn ich vorstrapaziert bin: Orthesen gegen Jonathan-Widerstände anziehen, Jonathan in den Rolli setzen, mit Matthea und Sandelsachen im Schlepptau zum Spielplatz steuern, vor Ort sofort Pipi machen. Wenn ich zwei kerngesunde Kinder hätte und mich erst einmal entspannt in den Schatten setzen könnte, um ab und zu an »Steck den Sand nicht in den Mund!« zu erinnern, wäre ich sicherlich ausgeglichener. Wenn ich einen Mann hätte, der pünktlich um 18.00 Uhr nach Hause käme und statt seiner Sitzungen abends frei hätte, wäre ich nicht so müde. Wenn ich kräftiger gebaut wäre, müsste ich mir keine Sorgen über eventuelle Rückenschäden machen. Wenn, dann, ja, dann nützt alles Wenn nichts, weil es nicht so ist.

Deshalb liebe ich jeden Menschen, der mich wahrnimmt und unterstützt. Ein ermutigendes Lächeln, ein gutes Wort, ein praktisches Hilfsangebot sind tausendmal mehr wert als kommentierendes Glotzen. Gott sei Dank gibt es diese Menschen noch! Wenn wir mit dem Rollstuhl auf Bahnhöfen unterwegs sind, genügt ein freundlicher Blick und mindestens ein junger Mann eilt herbei, um mit mir den Rollstuhl die Treppen zum Gleis hinaufzutragen – die Fahrstühle funktionieren natürlich nur, wenn Frau viel Zeit hat.

Der Arzt und Kabarettist Eckhard von Hirschhausen würde sagen: *Liebe dich selbst, und die anderen können dich gern-haben.* Selbstliebe, das ist ein gutes Stichwort.

9 LIEBE DICH SELBST!

Hurra! Heute feiere ich mich selbst und das Leben. Sobald die Kinder nach dem Frühstück im Kindergarten sind, gehe ich zum Markt und kaufe mir einen schönen Blumenstrauß. Zu Hause trinke ich genüsslich eine Tasse Harmonie-Tee und träume vor mich hin. Danach setze ich mich an den Flügel im Gemeindesaal und spiele und singe, was gerade kommt. Da das Mittagessen nur aus einem Blitzgericht besteht, habe ich genug Zeit, ausgiebig mit einer guten alten Freundin zu telefonieren, die genau an diesem Tag morgens frei hat.

In der Mittagspause verschwinde ich auf unserem Sonnenbalkon und lackiere mir in aller Ruhe die Nägel in knalligem Lila. Der Tag und Nacht krähende Hahn unserer Nachbarn ist mir heute egal. Denn die Kinder müssen heute auch nachmittags in den Kindergarten, damit ich mich aufs Rad schwingen kann. Mit einem guten Buch mache ich es mir an meinem Lieblingsplatz im Herzen der Natur gemütlich. Auf dem Rückweg kehre ich kurz beim Bäcker ein und hole mir ein dickes Stück Schwarzwälder Kirschtorte, mein Rezept für Glücks-Garantie. Wenn die Torte ausverkauft ist, nehme ich eine bunte Papiertüte voller süß-saurer, farbstoffverseuchter Schlangen, Bären, Drops für das Prickeln im Mund und die roten Kirschkaugummis. Als Kind durfte ich das nie haben, zu ungesund und teuer! Ach, wie schön, erwachsen zu sein!!!

Zwischen Büro und Sitzung beschäftigt mein Mann die Kinder, damit ich mich im Fitnessstudio austoben kann. Der krönende Abschluss wird ein Gläschen Piccolo vor dem Laptop mit einer guten DVD: *Harold and Maude* oder *Die fabelhafte Welt der Amélie?* Ich habe meine eigene fabelhafte Welt. Dorthin tauche ich ab und sorge mütterlich für mich. Ohne Männer gibt es immer noch elektrische Rückenmassagegeräte, die sich mittels Plastikbuttons auf Nacken und obere Rückenpartie kleben lassen! Allein beim Abziehen der Teile ist darauf zu achten, dass man keinen Stromschlag mittleren Grades bekommt. Übung macht die Meisterin.

Eine Pfarrfrau hat nie Sonntag, selten Wochenende und fast nie Feiertag. Aber Tage, an denen sie sich die Freiheit nimmt, zu feiern, werden in unverfrorenem Egoismus eingerichtet. Glückliche Mütter bedeuten glückliche Kinder. An meine Nächsten kann ich morgen wieder denken. Heute liebe ich mich selbst!

10 PEKINGENTE

Die Babysitterin klingelt an der Haustüre. Die Kinder liegen schlafend im Bett. Wir haben ein neues asiatisches Restaurant ausfindig gemacht und an diesem Abend gilt: *All you can eat*. Alles kommt mir perfekt vor. Ich habe Lust, lecker zu essen, ohne selbst in Aktion treten zu müssen. Der Traum vom romantischen Abendessen zu zweit wird Wirklichkeit. Als wir am Tisch sitzen, gerate ich über die Art der Bewirtung ins Staunen. Rund um die Tische läuft ein Band, auf dem die verschiedensten Speisen an den Gästen vorbeitransportiert werden. Mühelos kann jeder sehen, was die Küche bietet, und kann sich selbst bedienen. Ich staune, was es alles gibt! Die Getränke sind bestellt, und ich frage meinen Liebsten, wie es ihm geht und wie zufrieden er mit seiner Arbeit ist. Doch ich erhalte nur oberflächliche Antworten. Hartnäckig bekunde ich mein Interesse und will mehr von ihm erfahren. Fast vergeblich. Es folgt eine typisch männliche Einsilbigkeit. Seine Kommunikationsversuche sind mir zu oberflächlich. Irgendwann ärgere ich mich darüber, dass er nicht anständig mit mir spricht und in erster Linie physisch anwesend ist. Dabei hatte ich mir so sehr gewünscht, dass wir uns in dieser kinderlosen Zeit nahekommen und mehr voneinander haben als schnelle Absprachen zwischen Tür und Angel! Wo ist der bloß mit seinen Gedanken? Ich muss nicht lange rätseln, um der Ursache seiner mangelnden Gesprächsbereitschaft auf den Grund zu kommen. Wie gebannt starrt mein Mann ausschließlich auf die Spezialitäten, die an uns vorbeirauschen. Wie ein Kind begeistert er sich restlos für die Technik des mobilen Buffets: hier ein Häppchen Pastete, dort ein Sushi; und was wohl das ist, was eben um die Ecke biegt? Mmh, das darf ich mir nicht entgehen lassen! Möglicherweise errechnet er nebenbei noch die Wahrscheinlichkeitsverteilung der Speisen! Ich fasse es nicht! Ich werde von einer Konkurrenz in Form von asiatischem Fingerfood ausgestochen! In gereiztem, möglicherweise auch schon hysterischem Ton gebe ich zu bedenken, dass ich auch noch existiere, und zwar springlebendig, mit Haut und Haaren, sogar mit Gehirn. Da lacht mein Gegenüber, lässt sich zu meinem Leidwesen aber nach wie vor ganz von seiner Esslust bestimmen. Enttäuscht und frustriert gebe auch ich mich dem Schlemmen hin. Noch besteht die Hoffnung, dass mein Liebster nach dem Essen zur Vernunft kommt und seine Aufmerksamkeit auf mich lenkt! Eines schwöre ich mir: Nie wieder gehe ich mit diesem Mann in dieses Restaurant! »Schau mal, jetzt kommt sogar Pekingente! Lecker, die muss ich unbedingt probieren!« Also gut, mir läuft bei Pekingente auch das Wasser im Mund zusammen. Doch bevor das Gericht sein Ziel an unserem Tisch erreicht, wird es vor unseren Augen von anderen Gästen weggeschnappt. Die Küche hat offensichtlich den Auftrag, von der teuren Ente wesentlich weniger aufs Band zu stellen als von den anderen Gerichten. Das ist wie bei Loriot: Für jeden nur ein Schinkenröllchen. Mein Mann ergattert einen Teller, ich probiere bei ihm und warte vergeblich auf meine Portion. Nichts mit romantischer Zweisamkeit, nichts mit Pekingente! Zwanzig Minuten später tritt mein Sättigungsgefühl ein. Desserts gab es bereits. Der Kellner fragt höflich, ob er abräumen darf. Ich bejahe. Kaum ist das Besteck weg, bewahrheitet sich meine Befürchtung: Es gibt wieder Pekingente, und zwar mehrere Teller, die nun schadenfroh an mir vorbeifahren. So ein Mist! Wütend schnaube ich in mich hinein und schmolle aus mir heraus. Denn jetzt kommt mir mein Leben genauso vor wie das Warten auf diese blöde Pekingente.

Du wünschst dir etwas, du bekommst es nicht. Du wartest, wartest, wartest, bis zum letzten Moment. Wenn du schmerzlich aufgegeben und dich mit dem Verzicht arrangiert hast, erscheint dein Traum ironisch am Horizont. Will ich jetzt noch oder passt das nicht mehr? Unmut und Groll überfallen mich plötzlich. Wieso kann mein Mann die Gunst der Stunde nicht anders nutzen? Wenn ich gewusst hätte, dass sich der Abend derart gestaltet, hätte ich keinen Babysitter bezahlt! Wieso muss mein Mann Pfarrer sein? Unser Leben ist kompliziert genug! Warum reichen meine Zeit und meine Kapazitäten nicht für eine anständige Berufstätigkeit? Warum haben ausgerechnet wir ein behindertes Kind, dessen Bedürfnisse besonders viel Betreuung, Aufwand und Kraft kosten? Ich komme zu kurz. Eindeutig. Die anderen, diese Pekingentenesser, haben es viel besser als ich! Das Leben ist gemein und ungerecht!

Auf einmal muss ich schallend lachen! Mein Mann schaut mich verständnislos fragend an. Ich sitze hier mit dem Ehemann aller Ehemänner, muss weder kochen noch spülen, darf mich verwöhnen lassen. Zu Hause warten zwei herzallerliebste Kinder. Ich bin gesund, habe gute Freunde. Ich bin geliebt. Was mache ich mir den Kopf wegen einer Ente? Sobald das Tischlein-deck-dich weg ist, wird mein Mann wieder zur Besinnung kommen und sich dem Eigentlichen des Abends zuwenden: uns. (Für den Fall, dass das nicht automatisch eintreten sollte, hätte ich noch andere Mittel.) Freude und Dankbarkeit kehren zurück. Wie leicht lasse ich mich von der Enttäuschung meiner Erwartungen oder der Unzufriedenheit über das »Es kommt anders als geplant« verführen. Wie oft bin ich blind für das Glück des Augenblicks. Ich lebe aus dem Überfluss mit einem Gott der Güte! Es wird noch viele Situationen und Ereignisse geben, die ich mit einer großen Portion Humor betrachten will. Vielleicht verbuche ich sie unter dem Stichwort: Pekingente.

11 VILLA KUNTERBUNT

»Hallo, ich bin Ala. Es ist schön, dass du da bist!«, begrüßt mich die Künstlerin, deren Bühnenprogramm mein Herz berührt hat. Ich kann kaum glauben, was ich erlebe. Am liebsten würde ich mich zwicken, um mir zu versichern, dass all dies Wirklichkeit ist. Ich bin tatsächlich in der Villa Kunterbunt, wie Ala ihr Traumhaus liebevoll nennt. »Wir machen alles, wozu du Lust hast!«, verspricht sie mir. Obgleich ich befürchtet hatte, die Nacht zuvor vor Aufregung kein Auge zuzubekommen, war ich in einen sanften Glücksschlummer gefallen. Jetzt folge ich ihr durch einen schmalen Korridor über die Küche ins Kreativ-Atelier. Der Blick aus dem Fenster lässt einen wilden, romantischen Garten voll erfrischenden Grüns erkennen. Das Atelier selbst besteht aus einem weitläufigen, hellen Raum. Ein antik wirkender Schreibtisch, zwei einfache Klappstühle sowie zwei Regale an den Wänden erwarten mich dort. In der Mitte des Zimmers steht ein schwarzer Steinway-Flügel!

»Wozu hast du am meisten Lust?«, will Ala wissen und strahlt mich an. Ich bekomme eine Gänsehaut. »Singen, endlich singen!«, antworte ich und schon sitzt sie am Flügel, und es geht los. Ich singe ihre Tonfolgen nach.

Je mehr es mir gelingt, mich von meiner Angst vor dem Unbekannten zu lösen, desto mehr eröffnet sich mir eine andere Welt. Es ist die Welt, in der ich mich zu Hause und geborgen fühle, eine Welt, die mir seitdem neu bewusst ist und zur Verfügung steht. Ich lerne mein vielschichtiges Innenleben, meinen fantasievoll-fantastischen Reichtum, mein Ganz-bei-mir-selbst-Sein in Worten und Tönen, mein mir einzig eigenes Wunderland kennen.

Diese Entdeckung geht mit heftigen Emotionen einher: Trauer und Tumult, geschüttelt und gerührt. Ich bin auf etwas gestoßen, irgendwo im Seelentiefbau. Ich bin angekommen und durstig zugleich. Macht das meinen ureigentlichen Wesenskern aus? Ist das eine Begegnung mit Gott über den kreativen Fluss, den der Schöpfer selbst erlebt und erschaffen hat? Ich muss an den Songtext *Zu sehr* von Laith Al-Deen denken, der genau das ausdrückt:

Das, was du besitzt, sieht man dir nicht an.
Doch es ist vielleicht viel mehr,
als ich jemals haben kann.
Denn du hast nichts mehr zu verlier'n.
Du hast gefunden,
was man nicht sieht,
wenn man zu sehr,
zu sehr danach ruft.
Denn du hast gefunden,
was man nicht hört,
wenn man zu laut,
zu laut danach ruft,
zu laut danach ruft.[6]

Ich kaufe mir Notenpapier und einen Schreibblock in der Stadt. Neugierig bin ich, wie sich die Blätter in den kommenden Wochen füllen werden. Zu Hause setze ich mich an den Flügel im Gemeindehaus. »Fürchte dich nicht«, flüstert mir Gottes Geist zu. Zum ersten Mal in meinem Leben spiele ich einfach darauflos. Improvisieren kann ich nicht. Im Moment brauche ich das auch gar nicht, denn ich spiele nach, was ich in mir höre, und die Töne setzen sich wie von allein zu einer einfachen kleinen Komposition zusammen. Überrascht stelle ich fest, dass sie zu einem meiner Liedtexte passt. Wie im Himmel fühlt sich dieser Prozess an. Es ist, als ob Ala hinter mir stünde mit dieser einen entscheidenden Frage: »Wo liegt dein Traum?«

Bei meinem nächsten Besuch in der Villa Kunterbunt nehme ich meinen ganzen Mut zusammen. Gut, dass ich mit einer bodenlosen Naivität an alles herangehe. Hätte ich jetzt schon ihre Preise und Auszeichnungen gesehen, hätte es mich unsagbar viel Überwindung gekostet, überhaupt noch einmal den Mund aufzumachen. Ala setzt sich in einem diskreten Abstand zum Flügel auf ihren Klappstuhl. Ist das derselbe Klappstuhl, den sie auf der Bühne dabeihatte, weil die Klavierhocker immer erbärmlich quietschen? Ich spiele vor Aufregung jeden dritten Akkord falsch. Zittert die Stimme, oder kommt mir das nur so vor? Ala applaudiert in großem Stil. Ich denke, das ist die abgefahrenste und verrückteste Situation, die ich je erlebt habe! Genau umgekehrt muss das sein! Sie ist schließlich der Profi, nicht ich! Ach nein, ich vergaß, verrückt ist normal, natürlich. Jetzt kommt sie näher ans Instrument. Ich spiele und singe noch einmal. Der Text meines Liedes begeistert sie. *Mutter Gott* erzählt davon, wie Gott seine Kinder tröstet. »Wir machen jetzt eine Improvisationsübung!«, ruft sie voller Energie. Schon sitzt sie am Steinway, schließt genussvoll die Augen und spielt mit beiden Händen irgendeinen Akkord. Sie lässt ihn mit Hilfe des Pedals lange erklingen und saugt ihn regelrecht in sich auf. »Abgefahren«, denke ich. »Wir müssen davon wegkommen, alles nach Schema zu tun. Wir genießen den Klang, wie er ist, und lassen ihn auf uns wirken, das inspiriert.« Ala, die Frau, die ich allein dafür liebe, dass sie in kein Schema passt!

Die Erlebnisse und Erfahrungen in der Villa Kunterbunt wühlen mich auf und verändern mein Denken. Auf einer Postkarte lese ich einen Satz von Friedrich Nietzsche: *Man muss noch Chaos in sich haben, um einen tanzenden Stern zu gebären.*[7] Ich habe mich auf den Weg gemacht, und es gibt nichts Schöneres für mich, als ausdrücken zu dürfen, was aus mir heraus will. Abgesehen von der Sprache verfüge ich nicht wirklich über Werkzeug. In meinen kleinen, beschaulichen Freiräumen und Kreativinseln will ich lernen, was möglich ist.

Bald wird mein Leben von viel Leid und einer unerträglichen Enge geprägt sein. Gott hat mir deshalb zur richtigen Zeit die Türe zu meinem inneren Reichtum geöffnet. Gott wird der Gott sein, der alle meine Tränen in einem Krug sammelt. Gott ist der Gott, der mir Ala über den Weg geschickt hat. Ala sammelt nicht meine Tränen in einem Krug, sondern meine Briefe in einem Ordner. In ihrem Atelier erhalten sie einen besonderen Platz und werden sorgfältig mit dem Datum ihrer Ankunft versehen. Denn die Künstlerin hat wahrgenommen, dass der Tag kommen wird, an dem ich auf diese Zeilen zurückgreifen muss. Ohne von meiner Löffelliste zu wissen, hat Ala erkannt, wie mir das Schreiben Flügel verleiht.

12 BERUFUNG?!

Wo oder was ist mein Weg? Wie oft hatte ich schon den Eindruck, dass ich einfach nur durchgeknallt bin. Vielleicht habe ich in Ala einen Menschen gefunden, der vom selben Stern ist? Aber Ala hat – im Gegensatz zu mir – Klavier, Gesang und Schauspiel studiert, sogar ein Stipendium für Hochbegabte erhalten. Damit lässt sich etwas anfangen!

Unsicherheit und Zweifel überwältigen mich. Will ich wirklich irgendwann wieder in meinen Beruf als Lehrerin einsteigen? Am Leben mit einem mobilitätsbeschränkten Kind zerbröselt die Sinnhaftigkeit eines jeden gymnasialen Bildungsplans! Welche Bedeutung hat es bei den tiefen Erschütterungen, die kommen werden, den französischen Subjunktiv zu vermitteln? Für die Rentenkasse wäre es das Beste, einen Job an Land zu ziehen, der sich mit unserer Situation vereinbaren lässt. Effektiv sein und etwas vorweisen können, kommt gesellschaftlich gut an – »Was-man-tut« in Frage stellen, nicht. Mein bisheriger Werdegang lässt nicht zu, dass ich in Zukunft verlottere. »Schaffe, schaffe, Häusle baue!« Diese schwäbische Grundüberzeugung hat meine Erziehung geprägt. Kunst findet wenig Raum in einer Weltanschauung, die von Materialismus und bürgerlicher Ordnung, von traditionellen Werten und konservativer Richtigkeit geprägt ist. Aber ist diese Richtigkeit auch für mich richtig? Sollten Ausnahmen nicht jede Regel bestätigen? Will ich leben, um zu arbeiten? Oder schneide ich mir vom französischen Savoir-vivre eine Scheibe ab und arbeite, um zu leben? Wenn ich mich für das Leben entscheide – was macht dieses Leben für mich aus? *Die Welt hochwerfen, dass der Wind hindurchfährt,* schreibt Hilde Domin in ihrem Gedicht *Wer es könnte*[8]. Ala hat meine Welt hochgeworfen und der Wind pfeift nur so hindurch.

Was ich erlebt habe, kann ich unmöglich für mich behalten! Bei einem Spaziergang erzähle ich einer lebenserfahrenen Freundin von den Begegnungen mit Ala und dem Buch über Kreativität. Wie den Inhalt einer bunten Reisetasche schütte ich meine Gedanken vor ihr aus. Sie freut sich sehr mit mir. Dann schenkt sie mir ihr Klavier. »Du musst es nur stimmen lassen, dann kannst du loslegen.« Das macht viel Mut! Ich weiß, sie ist eine Frau mit prophetischen Gaben. Viele ihrer Eindrücke und Visionen haben sich bereits bewahrheitet. »Das ist dein Weg. Du wirst viele verschiedene Künstler kennenlernen. Ich sehe es für dich und Gott hat große Freude an dir. Du darfst Gott mit deiner Kreativität dienen.« Mein Mann schließt sich an: »Ich war schon immer der Meinung, du hättest Musik studieren sollen!« Ohne Murren übernimmt Dirk später die Kosten meiner Unterrichtsstunden und Workshops. Ich muss kein eigenes Geld verdienen. Wir leben einfach und bescheiden, so bleibt Platz für Träume.

Ein ganzes Jahr innerer Kämpfe und Krämpfe kostet es mich, meine Entscheidung zu festigen. Selbst wenn sich mein Herz dafür ausspricht, für den Rest meiner irdischen Tage Musik zu machen und zu schreiben – ich bin viel zu alt, um gut zu werden.

Ich habe viel zu wenig Zeit. Wo soll ich beginnen? Wohin soll das führen? Verrückt ist normal. Ich darf im Kreativhimmel schweben. Kunst vermag unendlich viel. Kreativität bedeutet Ausdrucksfreiheit und Lebenselement. An dieser Stelle denke ich an die alte Werbung einer namhaften Bank: »Wir machen den Weg frei.« Ein Mensch joggt, und wie durch ein Wunder schließen sich die Abgründe und Klüfte vor ihm von allein. Der Gipfel naht mühelos. Gott, du bist ein Gott, der den Weg frei macht. Jetzt heißt es Anker lichten, Segel hissen, vertrauen. Die nächsten Schritte sehe ich glasklar: wieder Klavier spielen, Gesangsunterricht nehmen, mich hier und dort hinauswagen. Das ist beinahe zu spannend für mich. Aber einen Versuch ist es wert! Gott hat großes Interesse daran, dass wir die Gaben, die er uns schenkt, entwickeln und zu seiner Ehre einsetzen. Manchmal kommt es mir vor, als würden die Engel vor Freude jubeln und tanzen, wenn ein Mensch aufhört, sein Licht unter den Scheffel zu stellen.

Einige Wochen später kommen verschiedene Gemeindemitglieder, der Pfarrer und die Kantorin unabhängig voneinander auf mich zu. Ob ich nicht die Ausbildung zur Organistin machen wolle? Der Bedarf sei hoch und ich spiele bereits Klavier. »Wen sollten wir sonst ansprechen?«, lautet die Frage. Was aber soll ich mit diesem seltsamen, altertümlich anmutenden Instrument? Meine Leidenschaft gilt der Songpoesie, dem Theater und der Kleinkunst! Na gut, ich melde mich bei einem Lehrer zum Vorspielen an. Irgendwo muss ich schließlich anfangen! Zwei Jahre später entdecke ich bei einer Fortbildung im Haus der Kirchenmusik ein Plakat. Sinngemäß trägt es die Aufschrift: Die Musik, deine Gabe, deine Aufgabe. Du bist nicht nur die Organistin, die Chorsängerin, die Klavierspielerin, du bist die Gänsehautmacherin. Gänsehautmacherin!!! Das Wort gefällt mir! Ich will die Menschen berühren. Mehr noch. Ich will verweisen auf den, welcher der Anfang und das Ende, das A und O meines Lebens ist: Jesus Christus.

3 MORBUS HODGKIN

Jonathan hat Lymphdrüsenkrebs! Ich fasse es nicht!

Er ist doch noch ein Kind, erst sechs Jahre alt! Den Winter 2010/2011 über waren die Lymphen immer wieder dick angeschwollen, dann ging das Symptom zurück. Natürlich gehöre ich nicht zu den Müttern, die wegen eines roten Pünktchens am Hals zum Arzt rennen. Sein Immunsystem funktioniert nicht. Über eine Infusion erhält er einmal pro Woche Abwehrstoffe, die sein Körper nicht selbst produziert. Schnupfen oder chronische Nasennebenhöhlenentzündung gehören bei solchen genetischen Defiziten zur Normalität. »Es gibt Kinder, die auffallend starke Lymphschwellungen haben. Das ist kein Grund zur Sorge.« Auf diese Weise habe ich mich trösten lassen und selbst beruhigt. Jetzt stehe ich nur noch unter dem Schock einer schrecklichen Wahrheit. Das ist unmöglich. Das kann nicht sein. Wenn ich morgens erwache, kommt mir alles wie ein einziger Albtraum vor. Aber es ist kein Albtraum. Es ist mein

Leben. Ich fasse es nicht! Ich bin sprachlos. Lauthals will ich schreien und bekomme keinen einzigen Ton heraus. Das darf einfach nicht wahr sein. Ich ertrage sie nicht, diese Vorstellung. Bis zuletzt kann ich das nicht glauben, weil es grausam ist. Ich brauche Tage, um diese Nachricht behutsam wahr und wahrer werden zu lassen. Handelt es sich hierbei um einen Schutzmechanismus, der vor dem Zusammenbruch schützt?

»Es ist doch bloß ein Hodgkin!«, sagt die Onkologin in der Universitätsklinik. »In drei Monaten ist das durch.« In diesem Moment will ich ihr am liebsten an die Gurgel springen oder sie mit dem roten Boxhandschuh einmal kräftig k.o. schlagen. Hat die noch nie einen Blick in unseren umfangreichen Ordner mit Jonathans diversen Arztberichten und Untersuchungsergebnissen geworfen?

Was nutzen mir Prognosen in diesen zutiefst erschütternden Tagen, wo das Wort *Hodgkin-Lymphom* jederzeit in allen Gedanken zu pochen scheint? Wenn auch die Heilungschancen bei über neunzig Prozent liegen – woher sollen die Weißkittel wissen, wie dieser kranke kleine Körper auf bösartige Zellen und Chemotherapie reagiert?

Unermesslich sind sie, die Wut- und Fragenstürme! Warum gerade er? Hat er nicht schon genug zu tragen? Kinder müssen spielen, toben, die Zeit vergessen, nicht von Untersuchung zu Klinikaufenthalt, von Röntgenaufnahme zu Therapie geschleppt werden! Meerestief traurig ist mein Herz! Was mutest du uns nur zu, Gott? Alles bebt in mir. Der Gefühlssturm reißt mich hin und her, auf und ab: Vertrauen – Angst, Verzweiflung – Glaube, Wut – Mut, Ohnmacht – Zuversicht. Wo bist du, Gott? Wo ist deine Güte? Ich kann keinen Sinn erkennen! Ich meine, auf den Kopf gestellt und heftig durchgeschüttelt zu werden. Es ist genug!

Wie soll ich meinem Goldstück erklären, dass er wieder operiert werden muss, während die gesunden Kinder Fußball spielen? Wie soll ich Worte für ihn finden, wo ich selbst sprach-

und fassungslos bin? Bei Gott schütte ich mein Mutterherz aus. Denn ich spüre es nicht, doch ich weiß: Wenn es einen gibt, der das mit mir durchsteht, dann er!

14 TRÄUME IN DER WARTESCHLEIFE

Meine Löffelliste kommt mir in den Sinn. Jetzt ist der Zeitpunkt, an dem ich sie dringend brauche. Vor dem regulären Beginn der Chemotherapie bekommt Jonathan in einer ambulanten OP einen Katheder gelegt, über den die lebensrettenden »Chemo-Ritter« transportiert werden können. Wie ist sein genauer Gesundheitszustand vor der Behandlung? Alles muss untersucht und festgehalten werden, um zu sehen, welche möglichen Schäden er davontragen könnte. Sachlich und präzise werden wir als Eltern aufgeklärt und müssen zahllose Formulare unterschreiben. Mir wird einfach nur übel davon. Ich bin von dem Hin und Her, dem Vergangenen und Vor-uns-Liegenden angeschlagen und geschlaucht. Gut durch den Tag zu kommen, empfinde ich als reines Wunder. Sieht so mein Marathon aus? Ich hatte mir das alles anders vorgestellt! Die 42,5-km-

Distanz wollte ich unter vier Stunden schaffen. Stattdessen trabe ich von einer emotionalen Erschütterung zur nächsten. Wo befinde ich mich? Wann kommt die nächste Versorgungsstation? Wenn der Schmerz brennt, habe ich dann die kritische 35-Kilometer-Marke überschritten? Es bleibt mir nichts anderes übrig, als mich auf alles einzulassen und weiterzulaufen.

Das, was ich mir erträumt, was meine Rechte wärn: Ich gebe alles auf für ein neues Leben, Herr.[9] Diese Liedzeilen gehen mir durch den Kopf. Unerfüllte Wünsche: Lehrerin mit halbem Deputat, drei Kinder. Was ist mit dem Vorhaben, ein Buch zu schreiben? Was ist mit dem Traum vom Künstlerin-Sein? Zusammen mit der Wut stauen sich die Erwartungen, die ich an ein glückliches Leben habe. Oder stehen sie nur Schlange, oder sind in der Warteschleife, diese Träume? Angesichts des denkbaren Todes will sich das Lebenswerte umso heftiger in den Vordergrund stellen.

Jonathans Erkrankung hat meine Löffelliste nicht infrage gestellt, aber aufgeschoben. Das fühlt sich seltsam an. In den kurzen angespannten Kliniknächten höre ich auf mein Herz und frage: Träume, seid ihr noch da? Wie soll ich mir selbst erklären, dass ich mich gedulden muss? Wie soll ich dem Kindlich-Lebendigen verständlich machen, dass es nicht vergessen wird?

Vielleicht kann ich jeden Tag ein paar Minuten für mich reservieren? Vielleicht ist das eine oder gar die Überlebensstrategie? Ich erinnere mich zurück an den vergangenen Winter, als ich mein kreatives 12-Wochen-Programm genoss. »Der Himmel hat Humor!«, dachte ich damals. Als krönender Abschluss meiner kreativen Lektüre sprach Gott in Versen zu mir:

Der Stoff, aus dem die Träume sind,
liegt in Meterware bei mir.
Die leuchtendsten Sterne
scheinen vor meiner Tür. Lass die Klage fallen,

harten Hader verhallen,
mein Kind. Denn du bist nirgends so sicher
als in meinen Armen,
nirgends so geborgen als bei mir.
Lange wart ich auf dich,
will mich deiner neu erbarmen, walte sorgsam über alles,
nah bei dir.

Wegen der anstehenden Chemotherapie muss ich auf meinen teuren Improvisationstheaterkurs verzichten! Wie viel lieber würde ich das bunte Leben in Szene setzen, als neben meinem leidenden Kind in der Klinik zu sitzen! »Pssst! Täglich ein paar Minuten Zeit nur für mich!« Ich geb mir mein Ehrenwort. Warum auch nicht? Warum nicht traurig darüber sein dürfen, dass in den nächsten Wochen genau das unter den Tisch fällt, was am meisten Freude und Spaß macht?

5 KINDERKREBSSTATION

Als Erstes fällt mein Blick auf die brennenden Kerzen, die für die verstorbenen Kinder angezündet werden. Die Namen kenne ich nicht, das Datum heißt gestern. In mir krampft sich alles zusammen. Jonathan nimmt den Tischkicker wahr, der mitten im Raum steht, wenn man den Aufzug verlässt. Wunderbar! Damit lassen sich viele Stunden Zeit verbringen und man kann sogar Spaß haben! Wir bekommen ein Zimmer zugewiesen und teilen es mit Moritz, der ungefähr im selben Alter ist wie unser »schneller Blitz«. Die Kinderkrebsstation könnte nicht besser ausgestattet sein: ein Regal voller Bilderbücher, eine kleine Puppenküche, ein Spiel- und Bastelzimmer, in dem die Patienten auch ihr Frühstück einnehmen können. Außerdem gibt es zwei Erzieherinnen und junge Frauen, die ihr Freiwilliges Soziales Jahr absolvieren. So können die stark in Anspruch genommenen Mamas auch hin und wieder ein halbes Stündchen durchatmen.

Es gibt nichts, was es nicht gibt an bösartigen Tumoren und Schicksalen. Wir lernen zwei weitere Familien mit behinderten Kindern kennen. Schnell kommen die Menschen hier miteinander ins Gespräch und tauschen sich aus. Was soll man auch den ganzen Tag machen? Während der Chemotherapie dürfen die Patienten das Zimmer nicht verlassen. Moritz hat es wesentlich übler erwischt als Jonathan. Seine Familie wird knapp ein Jahr mit der Therapie beschäftigt sein. Die Heilungschancen sehen weniger gut aus, aber darüber wollen wir am Anfang nicht nachdenken. Die erste Chemotherapie erleben wir gemeinsam – zu viert in einem Sechzehn- Quadratmeter-Zimmer. Tag und Nacht laufen die Infusionsgeräte der kranken Kinder und piepsen, sobald die Flaschen oder Batterien gewechselt werden müssen. In der Enge und bei dieser Geräuschkulisse bekomme ich kein Auge zu! Die Luft ist zum Schneiden, obwohl das Fenster gekippt steht. Wie gut, dass es das sogenannte Elternhaus direkt neben der Uniklinik gibt. Hier dürfen sich die Angehörigen erholen, sobald die kleinen Patienten eingeschlafen sind. Wie oft bin ich mit Jonathan daran vorbeigelaufen, habe die kahlköpfigen Kinder im Garten gesehen und Gott gepriesen: »Du bist mir oft ein Rätsel, Gott! Aber tausend Dank, dass wir am Ende dieses Tages wieder nach Hause gehen dürfen und Jonathans Erkrankung nicht lebensbedrohlich ist!« Jetzt sitze ich neben dem erschöpften Kind und schaue aus dem Fenster. Ein schmaler Fußweg führt durch einen kleinen Park direkt zu einem riesigen Gebäudekomplex, in dem rechts die Mensa und links das Elternhaus eingerichtet sind. Ich wundere mich, dass irgendwann einmal genügend Spenden für einen solchen Bau geflossen sind. Die Atmosphäre im hellgelb gestrichenen Eingangsbereich hebt die Laune. Im Erdgeschoss steht eine große Küche zur Verfügung. Wer keine Lust auf Cafeteria-Kost hat, kann hier bei Müsli, Joghurt, frischen Brötchen und Obstsalat zugreifen. Eine Oase mitten im Leiden. Jeden Freitag backt hier eine Frau Ende vierzig zwei Kuchen für die Eltern. »Warum tun Sie das? Das müssen Sie doch nicht?!«, will ich neugierig wissen. »Ich mache das seit Jahren! Es gibt Leute, die sprechen darüber und Leute, die nicht sprechen. Ich gehöre zu denen, die nichts erzählen!« Ihr Blick in meine Augen spricht Bände. Es tut mir leid. Aber ich darf jetzt nichts mehr sagen. Vielleicht war meine Frage bereits zu viel? Höflich bedanke ich mich für den Kuchen. Diese Frau hat aus eigener Erfahrung ein Gespür dafür, was Müttern guttut. Im ersten und zweiten Stock befinden sich die Zimmer, liebevoll eingerichtet; sogar für vier- oder sechsköpfige Familien gibt es genug Platz! Jede Etage verfügt über eine nagelneu aussehende Küche zur Selbstversorgung. Wenn man es nicht besser wüsste, könnte man sich wie im Urlaub in einem Hotel fühlen. Voller Respekt und Bewunderung beobachte ich die Familien, die diese Wohnräume monatelang zu ihrem Zuhause machen müssen, sich in den wenigen Minuten der Freiheit schnell eine Kleinigkeit einkaufen oder kochen und die Wäsche im Keller in den Trockner stecken. Es ist an alles gedacht außer an ein Musikinstrument, würde ich sagen. Vielleicht spendet das noch jemand?

Es ist an alles gedacht und das muss es auch, denn anders überlebt das keiner. Moritz erbricht während der ersten Chemo fast alles, was er zu sich nimmt und magert stark ab. Ständig klagt und weint er über die Bauchschmerzen, verursacht durch die Medikamente. Kranke Kinder brauchen unendlich viel Aufheiterung und Ablenkung! Unsagbar viele neue Spielsachen, Bücher und Aufmerksamkeit, Zuwendung, Trost, Liebe nonstop. Ich fühle mich vor allem logistisch sehr herausgefordert. Denn Jonathan zieht seinen Rollator hinter sich her, um sich fortbewegen zu können. Ich schiebe den Infusionsständer nach. Die Kabel verwickeln sich gern, und wenn es mit dem Toilettengang schnell gehen soll, haben wir praktisch keine Chance. Wieder zu spät am Ziel – das große Geschäft in der Hose! Wann soll ich die Berge von Wäsche erledigen? Müde und vollkommen erschlagen verlasse ich zwischen acht und neun Uhr abends die Klinik und rette mich auf mein Zimmer. Abschalten von den intensiven Bildern des Stationsgeschehens ist gar nicht so leicht. Ob ich in den winzigen Fitness-Raum im Keller verschwinde und einige Male gegen den dicken roten Sack boxe? Ob ich nach dem Duschen im Restaurant nebenan noch einen Rotwein trinke? Ohne Gesellschaft finde ich das blöd. Die anderen Mütter reißen sich allerdings kaum von ihren Kindern los, harren Tag und Nacht neben ihnen aus. Ich würde durchdrehen. Einsam und entnervt zappe ich durch diverse Kanäle. Zum Lesen bin ich zu erschöpft. Zu Hause haben wir keinen Fernseher. Bietet mir dieser Apparat eine willkommene Ablenkung? Sport, eine kitschige Romanverfilmung, eine Dokumentation über Gorillas, Daily-Soap-Serien, ein Krimi, der schon angefangen hat, ein Wissens-Quiz, amerikanische Action-Thriller, Musik-Clips, Urlaubsvorschläge. Es hat sich nichts verändert in dieser verdrehten Welt. Auf RTL modellieren Männer und Frauen unterschiedlicher Altersstufen per Computer die Figuren ihrer Traumpartner. Groß und schlank, sportlich und vollbusig, perfekt und unnatürlich. Die Sendung kommt mir vor wie eine einzige Farce. Was, was in aller Welt ist wirklich wichtig?

Nach der ersten Chemo weiß jeder, wo es den besten Kaffee gibt, welche Menüs in der Mensa mäßig lecker schmecken und wie man tagsüber im Idealfall zu zwei kleinen Pausen kommt. Auf dem Flur lerne ich einen großen, kräftigen Mann kennen, der den ganzen Tag seinen kleinen Sohn samt Infusionsständer auf einem Bobby-Car den Gang hinauf und wieder hinab schiebt. Anders lässt sich der etwa Zweijährige weder beruhigen noch unterhalten. Puh! Ich fühle mit. Was tut Mann nicht alles! Die tollen Bastel- und Spielangebote, die morgens im Frühstückszimmer auf Station angeboten werden, sprechen diesen Patienten noch nicht an. Jonathan dagegen stellt mit Begeisterung grüne Feuerdrachen und bunte Lichterketten her. Was er feinmotorisch nicht bewältigt, erledigen die netten Praktikantinnen gern für ihn. Denn er hat ihre Herzen sofort mit seinem unvergleichlichen Charme erobert. »Ich bin fix und fertig. Jeden Abend frage ich mich, was ich eigentlich gemacht habe. So am Ende bin ich nach vierzehn Stunden Arbeit zu Hause nicht!«, gibt der Vater des kleinen Jungen offen zu. Es erleichtert mich sehr, dass es ihm genauso geht wie mir. Er ist Landwirt und arbeitet körperlich sehr hart. Seine Frau und er wechseln sich mit den Kliniktagen ab. So handhaben wir das auch. Drei Kinder haben sie, die anderen beiden wollen auch versorgt sein. Stimmt! Matthea geht in dieser Zeit als großes stolzes Kindergartenkind in die Ganztagsgruppe. Wenn sie Lust hat und gesund ist, darf sie auch in den Klinikkindergarten für die Geschwisterkinder. Sein riesiger Spielplatz befindet sich neben dem Elternhaus und sieht wirklich einladend aus. Matthea probiert alles aus: mit auf Station sein und die neuen Spielsachen entdecken, zu Hause vom Kindergarten zu Freundinnen wandern oder die Hello-Kitty-Phantasiereise im Geschwisterkindergarten. »Die Ganztagskinder müssen weder Salat noch Gemüse essen, um Nachtisch zu bekommen, Mama!«, empört sie sich. Das fällt der Naschkatze unter normalen Umständen richtig schwer. Die Zeit nach dem Kindergarten verbringt sie aber doch am liebsten mit Bruder und Mama zusammen. Das freut mich.

Es geht mir durch Mark und Bein, wie die krebskranken Kinder schreien. Die einoperierten Katheder erleichtern die Blutentnahmen und Medikamentengaben ungemein. Dennoch bleiben mehr als genug Qualen übrig. Das Tablettenschlucken bedarf nahezu professioneller Motivationsarbeit von Eltern, Krankenschwestern und Erzieherinnen. Wie soll ein Fünfjähriger verstehen, dass er zum Überleben eklig schmeckende »Bonbons« hinunterspülen muss? Die Erschöpfung, der Haarausfall, die Schmerzen. Das sind doch noch Kinder! Kinder, die sich fragen, warum sie leben, wenn sie sowieso irgendwann sterben müssen. Kinder, die Engel malen. Kinder, die Engeln begegnen, das ist hier keine Ausnahme. Schade, dass ich nicht zu den getrösteten Engelträumerinnen gehöre! »Ich will wieder nach Hause!«, sagt Jonathan wochenlang nach der Therapie, als er längst bei uns im Wohnzimmer liegt. Ob er einen Ausflug in den Himmel gemacht hat?

Auf der Station wimmelt es natürlich vor »Weißkitteln«. Gegen diese entwickeln alle Kinder und manchmal auch deren Mütter eine Allergie. Nicht alle haben Taktgefühl. Oder ist es die medizinische Routine mit dem Fachjargon, welche die bedrohlichsten Gedanken so augenscheinlich verharmlosen, während die Seele nur noch schreien will? Zum Glück gibt es einen Arzt, dem ich von Anfang an vertrauen kann. Bei unserer ersten Begegnung trägt er Jonathans dicken Krankenordner mit sich. Für die Onkologie wird ein zweiter angelegt, erfahre ich bei einem Untersuchungsmarathon. »Sie haben schon viel durchgemacht!«, bekundet mir der sympathische Mann. Sachlich und präzise verläuft unser Gespräch. Ich flechte mein laienhaftes medizinisches Vokabular so gut ein, wie ich kann. Endlich fühle ich mich in diesem Wahnsinn verstanden! »Ich bin da«, sagt der Onkologe. Kurze Zeit später erwischt er mich beim Schimpfen vor der halb offenen Toilettentür. Das Pipi hat bereits die Unterhose überschwemmt. »Wir haben ein logistisches Problem«, stammle ich verlegen. »Ich bin da«, sagt er amüsiert, und dieser Satz tröstet mich unsagbar bis zum Ende der Therapie.

»Wie geht man mit so etwas um?« »Wenn Kinder Krebs haben, da hört's bei mir auf!«, höre ich Menschen um mich sagen. Ich bin dankbar und froh um jede Freundin, um jede Bekannte, die mich während der Tumorerkrankung zum Kaffeetrinken einlädt, mich auf andere Gedanken bringt oder mit mir ins Grüne fährt. Herzergreifend und liebevoll werden wir überschüttet mit Gebeten, Post, Geschenken, Aufmerksamkeiten. Doch wenn ich wieder in der Klinik sitze, die sterilen Wände anstarre, Jonathan leiden sehe und mich tonnenschwer und einsam fühle, dann brauche ich Ermutigungen. Inmitten des Grauens, beim Anblick der neu angezündeten Kerzen, können es gar nicht genug sein. Einmal mehr bin ich berührt und meines Weges sicher: kreative Angebote, wohin das Auge reicht. Die Clowns besuchen uns sogar in unseren Zimmern und gehen auf jedes Kind ein! Die geschminkten Gesichter lachen uns etwas vor, erfinden Lieder und Reime und nehmen uns mit in eine Welt, in der das Gras blau ist und die Wolken grün leuchten. Bananen werden von Straßenlaternen geerntet, und das Eis schmilzt nicht in der Hose, sonst kann man es nicht mehr essen. Für jedes Problem findet sich eine fantasievolle Lösung. Weggepustet das Runzeln auf der Stirn. Wenn es zurückkommt, brauchen wir eben den Föhn oder einen heftigen Wind. Nächste Woche singen wir wieder, vielleicht bringen wir Luftballons mit. Seelennahrung – nicht nur für die Kinder. Einmal pro Woche kommt ein Kinderliedermacher mit seiner Gitarre auf Station. Alle singen kräftig mit. Jedes Kind darf sich ein Lied aus der bunten Mappe wünschen. *Pippi Langstrumpf* oder *Der Cowboy Jim aus Texas?* Vielleicht ist hier der beste Ort für Musik? Warum kommen die Musiker, Ensembles und Chöre nicht hierher und beflügeln die Menschen mit ihren Klängen? Mittwoch ist der Kreativabend für die Eltern. Da wird gefilzt, gestickt, gewebt; Traumcollagen entstehen und finden im Leben Platz. Ein Stück Alice im Wunderland durchdringt die Grenzerfahrung. Licht und Finsternis. Wo Finsternis wohnt, muss auch Licht strahlen, oder?!

16 WENDYPUNKT

»Was bist du für eine Künstlerin?«, fragt mich eine dunkelblonde hübsche Frau, die ich noch nie in meinem Leben gesehen habe. Oh, sie hat vergessen sich vorzustellen: »Ich bin Wendy from Ingländ«, haucht sie mit einem unvergleichlichen Akzent. Sofort spüre ich: Sie ist ein Unikum! »Eine Künstlerin? Ich?« Ungläubig und entsetzt schüttle ich den Kopf. Jonathan will spielen. Nebenbei baut Wendy das vom Patienten gewünschte *Malefiz*-Spiel auf, würfelt und läuft mit den Figuren hin und her statt Richtung Ziel. Es ist unschwer zu erkennen, wie fertig ich bin und wie mich der Aufenthalt strapaziert. »Doch, du bist eine Künstlerin. Ich erkenne das. Ich habe einen Sensor dafür«, entgegnet Wendy energisch. In diesem Moment verliebe ich mich. Ich verliebe mich in die klare Stimme, in diesen charmanten Akzent. Was ist das nur für eine Frau? Ich schiele auf das Namensschildchen, das sich in Schwarz-Weiß deutlich von ihrem Pullover abhebt. »Kunsttherapeutin«, lese ich. »Wenn sie

Therapeutin ist, muss sie auch etwas aushalten können«, rattert es mir durch den Kopf. Wie ein Damm, vollkommen unzensiert, bricht alles aus mir heraus: der Frust über meine Rolle – ausschließlich Hausfrau und Mutter –, die erleichternden Erkenntnisse durch das Künstlerbuch, die Erlebnisse in Alas Atelier und ihre Auswirkungen, der Winter, in dem ich mehr krank als gesund war und schließlich die Tumorerkrankung, die meine neu gewonnenen Träume schon wieder auf unbestimmte Zeit zerschlägt. Wendy wirkt verblüfft. War das zu viel geballte Offenheit im Erstkontakt? Nein, Wendy freut sich. Sie arbeitet in ihrer Freizeit als Künstlerin. Erst vor Kurzem hat sie ihre Skulpturen und Bilder ausgestellt. Ich bin sprachlos. »Du siehst ein weißes Blatt und ein paar schwarze Punkte. Das ist die Kunst. Ich sehe ein weißes Blatt, das ist voller schwarzer Punkte!«, stellt sie eindringlich fest. Wahrscheinlich starre ich sie nur noch an, den Kiefer weit nach unten gekippt. »Einmal pro Woche komme ich in eurem Patientenzimmer vorbei, um euch zu betreuen. Wenn ich das nächste Mal da bin, singst du!« Wie bitte? Die ist ja komplett durchgeknallt! Wie stellt sie sich das denn vor? »Jetzt hast du Angst. Aha, es muss perfekt sein. Ja, denk daran, es muss immer perfekt sein.« Ihr Unterton erscheint in meinen Ohren nahezu hämisch. Doch schon ist sie hinter der weißen Türe verschwunden, und ich fühle mich plötzlich durcheinander.

Als ich abends im Elternhaus allein bin, falle ich auf die Knie: »Du hast mich nicht vergessen, Gott, schon gar nicht an diesem grausamen Ort, wo Babys und Kinder sterben. Ich habe dir nicht geglaubt, dass du gut bist, doch du zeigst mir, dass du mich siehst und auf deine Weise für mich sorgst.«

Natürlich kommt Wendy wieder und provoziert mich so lange, bis ich mich geschlagen gebe. Hinter dem Bett ist die Bühne, und vor der Tür steht Wendy als Zuschauerin. Mit mindestens einem dicken Kloß im Hals singe ich vom Menschsein und meinem *Carpe diem*, pflücke den Tag! Ich will mir nicht vorstellen, was davon nach außen dringt und preise Gott inständig für unser Einzelzimmer! Wendy klatscht und sagt: »Good. Wir haben hier schon Musik gemacht, vorn im großen Eingangsbereich der Station, sogar getanzt haben wir! Und wenn alles vorbei ist bei euch, dann kommst du wieder und singst. Ich kann ein Keyboard von zu Hause mitbringen. Das sollen die Menschen hören. It needn't be perfect. Just do it. Du machst das einfach. Versprochen?«

Ich habe mein Versprechen nicht gehalten. Ich bin nie wieder auf der Kinderkrebsstation gewesen. Selbst, nachdem die Tumorerkrankung als geheilt betrachtet werden konnte, nicht. Vielleicht liegt es daran, dass bei uns noch nicht »alles vorbei« ist? Natürlich schreibe ich Ala davon. Das streichelt die Seele und ordnet mich immer. Ala antwortet in einem Brief voller Zärtlichkeit. »Das ist dein Wendypunkt. Das ist der Punkt, wo du nur noch kreativ schaffen und sein darfst, ohne gut sein oder etwas vorweisen zu müssen!«

Wenn ich an dieser Stelle behaupten würde, es hätte sich ein Schalter in mir umgelegt, wäre das gelogen. Noch immer plagen mich Zweifel, ob ich das tue, was die Gesellschaft von mir erwartet. Eine Gesellschaft, in der es nur auf Erfolg und Leistung ankommt. Damit verderbe ich mir den Genuss am Sein, die Freude an jeglicher Freiheit. Deshalb empfinde ich die Begegnung mit dieser einzigartigen Frau »from Ingländ« als großes Glück. Seither liebe ich auch ihre Metapher: Wenn ich ein weißes Blatt Papier sehe, entdecke ich wirklich schwarze Punkte: Wendypunkte.

7 HIMMELSNAH

Wenn ich das Leben mancher Menschen sehe, wundere ich mich, wie sie es zu meistern oder zu bewältigen vermochten. Eine meiner Freundinnen ist ein vorbildliches Beispiel dafür. Seit Jahren lebt sie von Hartz IV und bleibt fröhlich und zufrieden. Wie ist es so weit gekommen? Der Mann, den sie eigentlich hatte heiraten wollen, setzte sie unter Druck, ihr gemeinsames Kind abzutreiben. Daran erkannte sie: Das ist nicht der Richtige. Lieber nie wieder einen als den! Nach dem Krieg brachte sie sich mit dem Sohn irgendwie durch, arbeitete als Hauswirtschafterin in verschiedenen betuchten Familien. Zwei Krebserkrankungen innerhalb weniger Jahre bedeuteten den sozialen Abstieg. Der Enkel hat sich im Erwachsenenalter nicht mehr für die kranke Oma interessiert. »Ich habe ihn sehr geliebt, aber ich habe es ihm zu wenig gezeigt«, erklärt sie sich seine Abwesenheit. Über fünfzig wurde es zunehmend schwerer, wenn nicht gar unmöglich, ohne anständige Ausbildung einen

Arbeitsplatz zu finden. Was noch alles dazwischenliegt, behält sie für sich. Sie raucht lieber, raucht wie ein Schlot vor der Türe ihrer reichlich heruntergekommenen Hütte. Die Wolken über uns brechen auf, sodass die Sonne durchscheint. Da grinst sie frech über beide Ohren. »Gott macht sich über mich lustig, weil ich rauche. Ja, ja, du da oben, aber dieses eine Laster, das musst du mir lassen. Das brauche ich nun einmal.« Dabei blitzt ihr altes Gesichtchen regelrecht auf, und die weißen Haare wippen im Wind. »Auf jeden Fall!«, bekräftige ich. »Ein Laster braucht jeder!« Verwundert dreht sie sich zu mir: »Dass du das sagst?! Wenn das so ist, könnte ich glatt aufhören damit. Nur wenn es mir jemand verbietet, muss ich es erst recht tun.« Diese Schelmin! Vielleicht mag ich sie wegen ihres unvergleichlichen Dickschädels, der mir nicht fremd ist? Sie ist eine Kämpferin. Die Blumen und der kleine gepflegte Garten hinter dem Hof sind ihr Ein und Alles. »Für Rosen gebe ich mein Geld aus, zig Euro stecken hier drin«, freut sie sich mit der Würde einer Königin. »Die Bibel und meine Blumen, mehr brauche ich nicht! Alles ist vergänglich!« Ihr nehme ich das ohne Zweifel ab. Ich habe sie oft genug besucht, um mich restlos davon überzeugen zu können. Gold wert ist sie mir. In Jonathans blauen Augen sieht sie zwei Türen zum Himmel. Auf eine solche Idee wäre ich nie gekommen! Die Kinder lieben es, mit ihr zu spielen. Wenn Not am Mann ist, besucht sie uns und entlastet mich mit himmlischer Selbstverständlichkeit. Zu den Geburtstagen gibt es einen riesigen Marmorkuchen mit süßem Schokoguss und bunten Gummibärchen. In einem Kinderheim hat sie auch schon gearbeitet. Aber damals war das nicht so verdorben wie heute. Da war sie mit einer weiteren Frau für dreißig Kinder unterschiedlichen Alters verantwortlich. Da herrschten noch andere Sitten, ohne verblödende Game-Boys, Play-Stations und Computer. Damals wurde aus nichts Fantastisches gezaubert und stundenlang damit gespielt. Außerdem war man zum Austoben und Räubern fast den ganzen Tag im Freien.

Eigen ist sie schon und gleichzeitig unglaublich liebenswert auf ihre Art. Was ihre Widerstandskraft ausmacht, gibt sie erst wenige Wochen nach Jonathans Krebserkrankung preis. Zwei Mal war sie bereits im Himmel. Während ihrer Krankenhausaufenthalte hatte sie nichts als die Bibel und sich selbst. Die Verwandtschaft besuchte sie zwar ab und zu, redete allerdings nur übers Kochen oder Ausflüge ins Grüne. »Ich konnte und wollte die nicht mehr sehen! Ich habe das nicht ertragen. Lieber war ich allein.« Zwei Mal wäre sie beinahe gestorben, grüßte schon den Sensenmann. Dadurch sah sie dieses helle, weiße Licht und spürte diesen tiefen Frieden, der alles umgibt. Sie hörte diese wundervolle Musik, diese unbeschreibliche Engelsmusik. Am liebsten wäre sie dort geblieben. Es war zu schön. Aber Gott schickte sie leider wieder herunter, keine Ahnung warum. Seitdem trägt sie diese Sehnsucht in sich. An guten Tagen macht sie der Vorfreude Platz. Die schlechten lassen sich nun viel besser aushalten. Der Himmel ist tausendmal mehr wert als alles hier. »Ich freue mich, wenn ich zurück darf!« Ein Leben mit Perspektive Ewigkeit führt sie. Das also ist ihr Geheimnis.

Eine Prophetin ist sie auch. Eines Tages, als Jonathans Chemotherapien beendet sind, geht es mir nicht gut. Ich rufe sie an. Wenige Minuten später erscheint sie in unserer Küche. Was kommen würde, hat sie alles schon »irgendwie« gewusst und gesehen. »Das ist eine Gabe. Wie oft habe ich gebetet, dass er sie mir nimmt! Ich habe sie noch immer. Manchmal träume ich«, sagt sie leicht gequält. Ich bin ziemlich verblüfft. »Bei Jonathan sehe ich ein großes Licht.« »Was soll das denn heißen? Wird Gott ihn mir etwa nehmen?«, schluchze ich. »Ihr werdet viele Höllen durchstehen müssen. Aber Gott wird euch helfen«, lautet ihre Antwort. Jetzt drückt sie mich mütterlich an ihren großen Busen, wo ich weinen kann. Dann hält sie mich ganz fest und wiederholt beruhigend: »Bei Jonathan sehe ich ein großes Licht.«

18 WEITERSPINNEN

Wir haben einen neuen Spinning-Trainer im Fitnessstudio. Steffe. Groß, athletisch gebaut, frecher Ziegenbart, sportlich und modisch gekleidet. Ein sogenannter Hingucker. Es amüsiert mich, wie er die weiblichen Blicke auf sich zieht. Nein, er ist nicht mein Typ. Der Mann meines Typs sitzt im Pfarrbüro und schreibt brav und beflissen an seiner Sonntagspredigt. Aber dass Steffe auffällt und gut aussieht, das will ich nicht leugnen. Ich nenne ihn spaßeshalber den schönen Steffe. Auf einmal kommen nicht nur sechs oder sieben Personen – vornehmlich fahrradverrückte Männer – zum Spinning, sondern viele junge Damen. Als ich eines Abends an der Theke vorbeischlendere, sehe ich Steffe, umringt von einer Horde Mädchen, die ihre Konturen bewusst zur Geltung bringen. »Aha! Was wird er tun?«, frage ich mich voller Neugierde. Er ist ein sehr guter Trainer. Er ist der Erste, der etwas über Technik erklärt und motiviert. Nebenher erzählt er von seinen Fahrradhöhenflügen.

Sein Rekord liegt bei etwa 3 400 Höhenmetern pro Tag! Zudem erkundigt er sich nach den Touren der Kursteilnehmer. Manchmal fächert er jedem in der Runde mit einem frischen, trockenen Handtuch Luft zu. Das tut bei der sportlichen Anstrengung im stickigen Mief in dem kleinen Kabuff richtig gut. Im Winter bietet er sogar Indoor-Marathons von drei Stunden an. Dabei zeigt er selbst gedrehte Filme von seinen Bergtouren oder die neusten Musikclips aus den Charts. Auf diese Weise komme ich doch zum *Marathon* meiner Löffelliste. Die einzige Einschränkung besteht darin, dass ich mich meiner momentanen, individuellen Leistungsfähigkeit anpassen muss.

»Was wird er tun?«, frage ich mich, während ich jeden Montag die flirtfreudigen Gesichter der neuen Teilnehmerinnen und seine Reaktion darauf beobachte. Merkt er das gar nicht? Oder steigt er willentlich nicht darauf ein? Sachlich, freundlich und mit unablässigem Eifer für den Radsport gibt er sich der Spinnerei hin. Unbeirrt oder unbeirrbar. Irritationslos konzentriert. Schöner Steffe, ich beglückwünsche dich! Du hast den Sympathietest bestanden! Und die jungen Frauen? Nach drei bis vier Wochen gehen sie wieder zum Bauch-Beine-Po-Kurs, von wo sie hergekommen sind.

Beim Sport geht es unter anderem um den inneren Schweinehund. Der muss natürlich besiegt werden. Das beginnt schon damit, trotz Regenwetter ins Auto zu steigen und in die »Muckibude« zu fahren. Durchhalten, am härtesten Punkt, dort, wo es am meisten brennt. Sich sagen: »Das schaffe ich!«, wenn sich der Hund meldet und zum Aufgeben verführen will. Nur noch drei Minuten. Nur noch diese letzte Bergkuppe. Dann bin ich über der Ziellinie. Nicht aufgeben, wenn es wehtut. Während Jonathans Chemotherapie gibt es einige Momente schmerzhaften Kampfes, in denen ich gefühlt das Handtuch schmeiße und davonlaufe, anstatt standzuhalten. Viel zu viel angestaute Wut tobt in mir. Gott sei Dank kann ich in der Bewegung etwas davon loswerden, egal ob mit dem Mountainbike im Wald oder auf dem Spinning-Rad. Draußen fahren bedeutet, die Schönheit der Natur auf die strapazierten Nerven wirken zu lassen. Ausatmen. Drinnen fahren bedeutet, die Musik und die eine oder andere Textzeile in mich aufsaugen. Einatmen. »Es ist wie im Leben. Nicht aufgeben. Durchhalten«, sagt Steffe. Dabei läuft die Band Unheilig, *Geboren um zu leben: Wir war'n geboren, um zu leben, mit den Wundern jener Zeit, sich niemals zu vergessen bis in alle Ewigkeit. Wir war'n geboren, um zu leben, für den einen Augenblick, bei dem jeder von uns spürte, wie wertvoll Leben ist.*[10]

In einem inneren Film sehe ich Szenenfetzen der letzten Wochen entstehen. Kahlköpfige Kinder auf der Krebsstation. Jonathan im Bett in der Klinik. Jonathan regungslos zu Hause. Das Leben im Extrem. Auf der Klippe. Über den härtesten Punkt hinweg. Grenzerweiterung. Tränen. Wut und Erleichterung. Das haben wir mit Gottes Hilfe geschafft! Das Lied berührt mich in diesem Moment besonders. *Wie wertvoll Leben ist,* das hast du mir gezeigt, Jonathan, auch wenn du nicht mehr bist, wie du warst. Es ist schön, dass es dich gibt. Ich glaube, ich habe in den letzten Monaten meine Seelenmuskulatur trainiert. Gibt es Tapferkeitsmedaillen für Marathonmütter? Ich glaube, ich habe Muskelkater bekommen! Die Wunde fühlt sich noch frisch an, obwohl das Schlimmste für ein paar Wochen vorüber ist.

Ich spinne. Ich spinne weiter. Ich spinne mein Leben weiter mit dir, du wundervoller und rätselhafter Gott.

9 KLEINE GROSSE SCHWESTER

»Matthea wird wegen ihres Bruders von dir vernachlässigt«, knallt mir eine Kindergartenmutter bei einem lockeren Gespräch über das Dienstagsbuffet unvermittelt an den Kopf. Ich bin zu perplex, um zu reagieren. Die kennt mich doch kaum. Manchmal ist es ganz schön unverschämt, was sich Leute an Kommentaren herausnehmen, nur weil man ein behindertes Kind hat!

Matthea ist in vielerlei Hinsicht das Gegenteil ihres großen Bruders: schnell, quirlig und fast permanent in Bewegung. Sie liebt ihren Bruder über alles. Stundenlang feiert sie den Geburtstag ihrer Puppen und Tiere, einschließlich Jonathans Geräuschedino. Da werden Muffins und Pfannkuchen gebacken, Geschenke in Decken eingewickelt, ein Geburtstagsstuhl in die Mitte des Zimmers gestellt, die Kuscheltiergesellschaft im

Kreis platziert und natürlich gesungen. Sie ist die Mutter, Jonathan muss der Vater sein, ob er will oder nicht. In ihrer kindlichen Fürsorge bringt sie dem Bruder gern Windeln, Socken oder die Zahnbürste. Sie krabbelt mit ihm im Wohnzimmer um die Wette. Zum Thema »Behinderung« hat sie einen natürlichen und unbefangenen Zugang. Vor allem beim Beten beschäftigt sie das sehr. Jesus soll ihn gesund machen! Irgendwann läuft in Mattheas »Zimmer-Disko« ein Geburtstagslied, »Wie schön, dass du geboren bist, wie schön, dass es dich gibt«. Matthea sagt: »Wie schön, dass der Bruder geboren ist, auch wenn er kranke Beine hat!«

Da die Chemotherapie Jonathan in seiner Entwicklung weit zurückgeworfen hat, ist ihm die kleine Schwester ab jetzt haushoch überlegen. Das genießt sie sehr. »Soll ich dem Jonathan sagen, dass er jetzt schlafen muss?« – Der große Bruder braucht mindestens ein bis zwei Stunden mehr Schlaf als sie. »Ich lese ihm ein Buch vor!« Dann kommt sie mit ihren geliebten Hello-Kitty-Pixis. Wie alle Geschwister streiten sie auch. Wer entscheidet, welchen Film wir gucken? Wer entscheidet, welche Gutenacht-Geschichte vorgelesen wird? Wer darf das gelbe Männchen haben? »Der Bruder hat mich geschlagen und gekratzt! Der Bruder hat Blödian zu mir gesagt!«

Für Matthea ist der behinderte Bruder normal. Sie kennt es nicht anders. Wozu sollten wir ihr ein Problem daraus machen? Zum Verwöhnen gibt es neben Frauenzeiten – Kaba trinken und Kekse essen in Mamas Lieblingscafé – und Vater-Tochter-Highlights – Schlittschuh laufen, Fahrrad fahren, Quatsch machen – noch Großeltern, Paten und Babysitter, außerdem jede Menge Freundinnen und Freunde. Zu kurz kommen? Ich würde sagen, unsere Kinder sind eher freizeitverwöhnt!

Sicher, die Traurigkeit um den kranken Bruder können wir ihr nicht nehmen. »Mit dem kann man ja fast nichts machen!« Das Leben mit Jonathan wird nicht spurlos an ihr vorübergehen. Vielleicht wird sie daran ebenso wachsen wie wir?

Die Hilflosigkeit des Bruders macht sie selbstständiger, seine Einschränkungen lassen sie einfühlsam werden und für ihren Bruder einstehen. »Lea, du darfst ihm nicht sagen, dass sein gemalter Dino hässlich ist und nicht, wie ein Dino aussieht. Er kann es nicht besser. Du musst sagen: Dein Dino ist schön! Sonst wird er doch traurig.« Sie ist die kleine Große und weiß: Wir sind immer für sie da!

Ich bin dankbar und froh, mit der wunderbaren Leiterin ihrer Kindergartengruppe im Gespräch zu sein. Dieser selbstbewussten und erfahrenen Frau kann ich vertrauen. »Wenn es Matthea nicht gut geht, wird sie still. Ich melde mich bei dir, wenn mir etwas auffällt an ihr oder wenn sie lange traurig ist!« Ein extrovertiertes Kind, das – wie alle anderen Familienmitglieder – einen Dickschädel hat und äußert, was ihm nicht passt, empfinde ich besonders in unserem Fall als einen Segen!

Matthea will wie Pippi Langstrumpf sein und ein Pferd haben. »Wenn ich groß bin, will ich ein Haus mit Garten und einer Katze. Die darf dann draußen herumspringen. Und Bernhard. Ich heirate ihn.« Auf unsere Fragen, ob die Katze auch in ihr Bett darf und wie Bernhard das fände, antwortet sie keck: »In meinem Haus gibt es ein Schlafzimmer und ein Bernhardzimmer und mein Zimmer und die Katze darf ins Schlafzimmer und jeder kann machen, wie er will.« Wer im Alter von knappen fünf Jahren alles so genau weiß, wird gut durchs Leben kommen. Derartige Sprüche nehmen mir jegliche Sorge um unsere Prinzessin.

PS: »Den Nikolaus gibt es wirklich!« (Wir hatten ihn auf dem Weihnachtsmarkt gesehen.) »Normal geht er nicht zu Fuß. Er hat einen Rentierschlitten. Weiß nicht, wo der die Rentiere gerade hat.«

20 DIE VERHERRLICHUNG GOTTES

Wie oft habe ich schon vor Gott weinend auf den Knien gelegen und ihn gebeten, Jonathan zu heilen?! Am Anfang war ich mir sicher, dass Jonathan seine körperlichen Defizite durch den klugen Kopf aufwiegen könne. Im Alter von zwei Jahren wusste er fast alle Autonamen auswendig und rief beim Spazierengehen schon aus weiter Entfernung: »Papa, ein Volvo! Da, ein Audi!« Es gibt genug Zeugnisse von Menschen, die trotz ihres Handicaps erstaunliche Dinge geleistet haben. Aber so sollte es nicht sein.

Während des Studiums besuchte eine damalige Freundin einen gelähmten Mann im Krankenhaus. Wir beschlossen, für ihn zu beten. Wegen eines Unfalls war er seit über zwanzig Jahren an den Rollstuhl gekettet und musste manchmal in die Klinik, weil der Rücken vom vielen Liegen und Sitzen offen war. »Erweise ihm deine Größe und Gnade, indem du ihn bald wieder zu seiner Familie zurückkehren lässt, Herr!«, betete ich. Nach wenigen Wochen stieg der Mann geheilt aus dem Bett, nahm seine Tasche und ging nach Hause. Nicht ohne dem gesamten Personal und dem Rest der Welt zu erzählen, wer ihn geheilt habe. »Deshalb preist Gott!« Ich war verblüfft! Das kann nicht mein Glaube gewesen sein! Wunder gibt es. Daran habe ich keine Zweifel.

Aber warum schenkt Gott uns als Pfarrfamilie dieses Wunder nicht? Wäre das nicht fair, wo wir von ganzem Herzen Jesus nachfolgen und ihm dienen? Selbst wenn ich nicht genug glaube – Jesus sagte oft zu Menschen: »Dein Glaube hat dir geholfen« –, gibt es in der Bibel noch die Variante: *Ich glaube! Aber hilf mir, dass ich nicht zweifle!*[11] Auf dieses Gebet hin wurde ein Junge gesund. Mein Flehen, meine Klage, meine Fragenstürme münden immer wieder in diese eine Antwort Gottes: »Ich verherrliche mich durch Jonathan! Ich verherrliche mich. Vertrau' mir!« Wäre das nicht eine gigantische, weite Kreise ziehende Sensation? Jonathan würde eines Tages tanzend, Logarithmen rechnend und Lobpreislieder singend von Therapeut zu Arzt, von Pfleger zu Erzieher und durch die Gemeinden reisen und Gottes Macht feiern! Der schwerbehinderte Junge des Pfarrers wurde spontan vom Schöpfer der Erde geheilt! Wow!

Vielleicht denke ich zu menschlich und zu beschränkt. Gottes Wege sind nicht unsere Wege. Gottes Wege bleiben mir schlimmstenfalls Rätsel, bestenfalls ein Geheimnis. Wenn mich die Zweifel plagen, versuche ich, mich in die Jünger Jesu hineinzuversetzen. Wie muss es für sie gewesen sein, nach Karfreitag vor dem Grab zu stehen? Das Leben Jesu zeigt, wie eine scheinbare Niederlage den Sieg über den Tod bedeutet. Wie wird es Maria ergangen sein, als sie ihren eigenen Sohn am Kreuz sterben sah? Wird nicht ihr Herz geblutet haben vor Schmerz? Maria, diese Frau voller Hingabe und Liebe! Maria, mein Vorbild! Hat Gott nicht versprochen, das Schwache zu stärken, die Gebeugten aufzurichten, sich der Ausgestoßenen zu erbarmen und die Demütigen zu Ehre zu bringen? Nehme ich wie Jesus mein Kreuz auf mich, wenn ich den eigenen Sohn in den Himmel pflege?

Eine weise Freundin, die meine »Warums« längst erspürt hat, kommt vorbei, um mir zu sagen: »Dein Sohn ist ein Evangelist. Gott verherrlicht sich durch ihn und durch euch.« Ich bin sprachlos und berührt. Ist das eine Art Extra-Wink mit dem Zaunpfahl für mich, nach dem Motto: doppelt genäht hält besser? Bestätigt Gott seine Verheißung, indem er diese Freundin schickt? Gott verherrlicht sich durch Jonathan. Das kann und will ich nicht bestreiten. Wie verwundert und beeindruckt mussten Menschen gewesen sein, die meinen vor Freude strahlenden »schnellen Blitz« mit dem Rollator über den Hof wackeln sahen.

»An ihm berührt mich etwas ganz tief«, meint eine Frau aus der Gemeinde. Jonathan geht meistens lieber in den großen Gottesdienst als zu den Kindern. Vielleicht fühlt er sich unter dem fröhlichen Wuseln der Gesunden nicht wohl? Heute geht es unter anderem um unsere Verfehlungen. Beim Predigen stellt mein Mann eine rhetorische Frage: »Hat uns Gott jetzt nicht mehr lieb?« Jonathan ruft aus tiefster Überzeugung, sodass es jeder Gottesdienstbesucher hört: »Doch! Doch!«

In der Klinik muss ich immer wieder mit verschiedenen Fachärzten über unsere weitere medizinische Vorgehensweise sprechen. Als der bösartige Tumor nach der Chemotherapie verschwunden ist, bleiben viele Fragen offen. Die Spezialisten einer anderen Uniklinik haben sich die Ergebnisse des MRTs ebenfalls angesehen und empfehlen – im Gegensatz zu unseren Spezialisten –, noch eine Strahlentherapie anzuhängen. Doch die Chemos haben Jonathan in seiner Entwicklung und in seinen Fähigkeiten drastisch zurückgeworfen. Ich will mir nicht ausmalen, was bei der Fortsetzung derartiger Therapien noch von ihm übrig bleibt! Die Atmosphäre ist mehr als angespannt, weil ich emotional äußerst unter Strom stehe. Dieser Onkologe geht Gott sei Dank behutsam mit mir um. Dennoch muss er mich über die Sachlage aufklären. Angestrengt tapfer schlucke ich einen Kloß nach dem anderen hinunter. Jonathan dämmert wie so oft müde und erschöpft vor sich hin. Auf einmal platzt er unvermittelt und lauthals heraus: »Mama, ich gehöre zu Jesus! Ich gehöre doch zu Jesus!« Mir schießen die Tränen in die Augen, der Facharzt grinst verlegen. »Ja, du gehörst zu Jesus und im Himmel gibt es Party für dich!«, denke ich und bereue bis heute, dass ich zu feige war, diesen Satz auszusprechen. Wer weiß, was dem Arzt in diesem Moment durch den Kopf ging?! Nach dem onkologischen Abschlussgespräch – ab jetzt sind wir nur noch zur Nachsorge in der Ambulanz – sagt er, dass er uns gern außerhalb des klinischen Rahmens wiedersehen würde.

Im Herbst, kurz nach Schulbeginn, fängt Jonathan einen Infekt nach dem anderen ein. Obwohl ich alle Hausmittelchen durchprobiere, geht das Fieber nicht weg. Der Kinderarzt und die Immunspezialisten verordnen Antibiotika. Nach sechs Wochen liegen meine Nerven nicht nur blank. Ich habe das Gefühl, ich drehe in absehbarer Zeit durch. Auf die Nasennebenhöhlenentzündung folgen die Streptokokken und dann kommt wieder eine Nasennebenhöhlenentzündung. Insgesamt braucht Jonathan acht Flaschen Antibiotika – das habe ich in meinem ganzen Leben noch nicht geschafft. Heulen vor Verzweiflung oder schreien vor Wut? Allein der Gedanke daran, was nach den Antibiotika kommt, macht mich wahnsinnig. Denn der Winter hat gerade erst begonnen, wir sind noch nicht einmal in der Vorweihnachtszeit! Die Kinder sehen das beneidenswert zuversichtlich. Matthea betet: »Jesus, mach den kranken Bruder gesund und dass er endlich laufen kann.« Jonathan spricht in einen meiner Erschöpfungsheulkrämpfe, leichenblass und stocksteif auf dem Sofa liegend: »Jesus ist unser Arzt. Er macht mich gesund.« Nach dieser Infektionskette bleibt Jonathan über eineinhalb Jahre gesund. Rekord für ein Kind mit Immundefizit!

Als die Gemeinde Geld für die Anstellung eines Jugendreferenten benötigt, veranstalten wir ein Jahr später, im Herbst 2013, einen Sponsorenlauf. Professionelle Marathonmänner stellen sich ebenso zur Verfügung wie Nordic-Walking-Läuferinnen, die aus Freude an der Bewegung Sport machen. Jonathan ist mittendrin statt nur dabei. Zweieinhalb Stunden schieben wir ihn joggend die Straßen entlang. Jedes Mal, wenn wir an der Zuschauertribüne vorbeikommen, jubelt und klatscht die Menge Beifall. Jonathan hebt freudestrahlend die Arme und fühlt sich wie der Held des Tages. Wir, das sind nicht nur mein Mann und ich. Wir, das sind an diesem Tag Bekannte, Freunde, Paten, Pfarrer, der katholische Geistliche und der Bürgermeister. Jonathan erhält den ersten Platz bei den Kindern und gewinnt ein Tischkicker-Spiel. Wir sind alle stolz und froh über unseren »schnellen Blitz«! Einmal mehr dürfen wir ein Zeichen setzen: Gott ist gut zu uns – dennoch und überhaupt!

Manchmal fällt es mir schwer, den Sinn im Leid zu finden und über den irdischen Tellerrand zu sehen. Dabei denke ich nicht nur an uns, sondern auch an die vielen anderen Menschen, die nicht das Privileg haben, in Westeuropa geboren zu sein. Wo ist der Weg zwischen Dankbarkeit und Mitleid, Freude und Klage, Annahme und Widerstand? Eine Antwort liegt für mich in einem Satz begründet, den eine ermutigende Frau ausgesprochen hat: »Du schenkst dem Himmel einen Diamanten!« Was für ein wunderbares und tröstliches Bild!

1 NEUER ALLTAG

Wir müssen umziehen. Der Alltag kann nicht mehr bewältigt werden! Wie soll ich Jonathan, der seit der Chemotherapie nicht mehr Treppen steigen kann, in den zweiten Stock der Pfarrwohnung tragen? Einen Winter lang bin ich permanent auf Hilfe angewiesen, wenn Jonathan von der Schule kommt oder die Kinder und ich aus dem Haus wollen. Wenn die Nachbarn nicht zu Hause sind und Dirk Schulunterricht bis zur sechsten Stunde hat, stehen wir eine halbe Stunde vor dem Gebäude. In der Küche wird derweil das Mittagessen kalt. In diesem Dorf ist es schwer, eine Wohnung zu finden. Das ist kein Geheimnis. Außerdem muss ein Auszug mit Dirks Vorgesetztem geklärt werden. Pfarrer haben Residenzpflicht. Doch was mache ich mir Sorgen? Gott hat für alles eine Lösung und sogar eine schnelle! Im Februar 2012, ein Dreivierteljahr nach der Chemotherapie, ziehen wir in eine helle, nagelneue Wohnung mit Lift, die am Rand des Dorfes im Grünen liegt.

Der Aufzug funktioniert beim Einzug noch nicht. Ein deutscher Telefonanbieter kann kein Anschlusskabel zur Verfügung stellen, um den Notschalter für den Brandfall freizugeben. Deshalb darf der TÜV nicht abgenommen werden. Das kann Wochen dauern. Super! Das ist doch der Grund unseres Umzugs! Die erste Woche verbringen die Kinder noch bei den Großeltern. Die zweite Woche hat Dirk Urlaub. Wir rufen fast täglich beim Bauunternehmen an, um uns nach dem neusten Stand der Dinge zu erkundigen. »Wir setzen alle Hebel in Bewegung«, heißt es. Kaum funktioniert der Aufzug, ist er auch schon wieder kaputt. Langsam werde ich böse! Ich wähle die Nummer des Notrufs, die extra vom Bauunternehmer an den Aufzug geheftet wurde. Die Frau am anderen Apparat erklärt mir, sie seien die richtige Firma, könnten allerdings ohne Gebäudenummer nichts ausrichten. Dabei erfahre ich, dass dieser Hightech-Fahrstuhl von Berlin aus geschaltet wird. Zugegeben, technisch gehöre ich nicht zu den Begabtesten. Bei uns wechselt der Mann die Staubsaugerbeutel. Frau kann eben nicht alles können. Logisch finde ich das mit dem Aufzug trotzdem nicht. Zu meiner Überraschung und Freude klingelt kurz nach dem Mittagessen ein junger Mann Mitte zwanzig an unserer Tür. (Ich weiß nicht mehr, wie ich Jonathan die zwei Etagen ins neue Heim gehievt habe.) Der Mann sagt, er sei nicht für Lörrach, sondern für Freiburg zuständig, aber er repariere den Aufzug. Das ist ein Wort! Sobald wir vor dem Beförderungsmittel ankommen, stellt er fest, dass alles wunderbar funktioniert. Ich protestiere, erläutere den Mangel an Reaktion, egal auf welchen Knopf man drücke. Der Mann lächelt leicht spöttisch. Beim Stichwort Aufzug eilt ein Mieter aus dem ersten Stock im Eiltempo die Treppe herauf und legt ungehalten los: »Dieser Aufzug funktioniert nicht! Stellen Sie sich das vor mit den Kindern! Wenn man ins Untergeschoss will, leuchtet kein Knopf, aber er fährt; will man dagegen ins 2. Obergeschoss, leuchtet der Knopf und es passiert gar nichts.« Ich kann mich entspannen. Die Männer regeln das in ihrer Form unter sich. Ich erfahre, dass wir lediglich eine Stunde auf Hilfe warten müssten, falls der Aufzug stehen bliebe. Soll ich das glauben? Nichtsdestotrotz bleibt der Reparateur von der zuverlässigen Qualität seines Produkts überzeugt. Den Kindern habe ich von Anfang an eingebläut, sich nur in meiner Anwesenheit in die Nähe des abenteuerlichen Fahrstuhls zu begeben und nie allein zu fahren! Lange Zeit beschleichen mich seltsame Gefühle, wenn ich einsteige. Der Spiegel im Aufzug dagegen erweist sich als wahrer Segen. Frau sieht darin immer gut aus. Kein Witz!

Immer wieder gehen meine Gedanken zu der Zeit nach der Chemo zurück. Jonathan war nach der Chemotherapie nicht wiederzuerkennen. Die Ärztin vom medizinischen Dienst gewährte uns deshalb für ein Jahr Pflegestufe drei. Jonathan konnte kaum sitzen, nicht mehr sprechen, aß und trank nur mit Mühe. Sein Tremor hatte dermaßen zugenommen, dass er bei jeder Bewegung zitterte und nicht einmal mehr den Becher zum Mund führen konnte. Es bedurfte mehrerer Wochen, bis sich der kranke Körper von all den Strapazen erholt hatte. Seine Gehfähigkeit hatte er nahezu vollständig verloren. Abgesehen von wenigen Glückstreffern auf der Toilette ist er seither inkontinent. Die Sprache kehrte durch ausdauerndes Üben zwar wieder zurück, blieb jedoch verlangsamt, die Sätze zum Teil unvollständig. Das Zittern kam und ging je nach Tagesform. Als die enorme Anspannung nach der intensiven Therapiephase von uns abgefallen war, waren wir nur noch kraftlos und geschlaucht. Gleichzeitig forderte uns die Anpassung an die neue Situation als Paar und Familie enorm heraus. Es stellte sich die Frage, ob Jonathan regulär, mit gerade sieben Jahren, beschult werden könnte. Er benötigte einen speziellen Sitzstuhl, der ihm genug Halt bot, auch für zu Hause. Welche Windeln erfüllten am besten ihren Zweck? Den Kauf von mehreren Inkontinenzunterlagen hatten wir baldmöglichst zu erledigen. Trotz guter Windelversorgung und Wickeln vor unserem Zubettgehen fanden wir Jonathan seit der Chemo immer wieder komplett durchnässt vor. Wie schaffte er das bloß? Wie sollten wir die chronische Dermatitis seiner Haut behandeln? Mir war zum Heulen und dann wieder zum Danken zumute, meistens beides gleichzeitig. An manchen Tagen geht es mir heute noch so. Denn mein Sohn hat überlebt! Jonathan lebt! Gott hat ihn uns für weitere Jahre anbefohlen. Sein Leben ist – wie der Name Jonathan sagt – ein Geschenk.

Ich muss Passbilder für Jonathans neuen Personalausweis machen lassen. Biometrisch, versteht sich. Wie günstig – ein Reformhaus bietet diesen Service an, sofern zwei Verkäuferinnen anwesend sind. Als wir kommen, ist sogar der Chef persönlich da. Freundlich und voller Tatendrang trägt er mit seiner Frau den Rollstuhl mit Jonathan die Treppe ins Fotolabor hinab. Es gibt wirklich nette und hilfsbereite Menschen! Keine fünf Minuten und die Bilder sind geschossen! Voller Offenheit fragt der Chef, warum Jonathan im Rollstuhl säße und wie er sich bewegen könne. Ich schlucke und stammle etwas von Stoffwechselerkrankung, eventuell. Was das bedeute, will er interessiert wissen. »Alles und nichts!«, stöhne ich und begebe mich schleunigst zum Ausgang. Wie weh diese gut gemeinten, Anteil nehmenden Fragen in diesem Moment tun!

Die Lage hat sich zugespitzt und das bekommt mir nicht. Die Radiologen – unglaublich auf Zack – haben bereits den Befund des neusten MRTs gesendet. Leider verstehe ich nur Bahnhof. Im Fall eines Rückfalls sehen wir von weiteren therapeutischen Maßnahmen ab. Wozu sollten wir das Leiden ins Unermessliche steigern und damit auch unsere Gesundheit aufs Spiel setzen? Der Hauptgrund für unsere Einstellung liegt im Glauben an die Auferstehung begründet. *Heaven is in my heart*[12], heißt es in einem Lied.

Als ich wenige Tage nach dem Umzug in die alte Wohnung komme, will ich am liebsten losschreien, so viel Dreck ist übrig geblieben. Gott sei Dank genügt ein Anruf bei einer Freundin.

Den ganzen Morgen schrubben wir die Böden und putzen die Bäder. Abgehakt. Nein, es geht mir trotzdem nicht gut. Ich bin erschlagen von den letzten Wochen und unruhig über die wahrscheinliche Diagnose. Warum kann mein Leben nicht einfacher und schöner sein? Als ich Matthea in den Kindergarten bringe, entdecke ich einen Brief. Es ist bereits der zweite innerhalb von drei Tagen! Er stammt von einer liebevollen Engländerin, seine Sprache ist ein lustiges Gemisch aus Deutsch und Englisch. Eine kleine Ikone hat sie für mich gefunden, auf der Jesus behutsam einen Arm auf die Schulter seines Freundes legt. Das Bild spricht Bände. Genau so möchte ich Jesus jetzt begegnen. Das kurze Gedicht auf der Rückseite spendet mir Trost:

God in the night. God at my right. God all the day.
God with me stay. God in my heart. Never depart.
God with thy might. Keep us in light. Through this dark night.[13]

22 LISA

Von Anfang an geht Jonathan mit großer Begeisterung in die Schule für geistig und körperlich Behinderte. Wie sehr freut uns das! Seit Jahren habe ich um Freunde für ihn gebetet. Es tut weh, wie er von gesunden Kindern abgelehnt wird, seine Freunde mehr mit der kleinen Schwester spielen als mit ihm. Seine Bemühungen um andere Kinder sind abgesehen von wenigen Ausnahmen ins Leere gelaufen. Gott erhört mein Gebet zu einem Zeitpunkt, als ich schon selbst nicht mehr daran glaube. Als stolzer Erstklässler kommt Jonathan nach Hause und erzählt: »Ich habe eine Freundin! Wir wollen heiraten!« Wir sind überrascht! »Wie heißt sie?« »Lisa!« Er strahlt über das ganze Gesicht.

Auf den ersten Blick sieht man kaum etwas von Lisas Bewegungseinschränkung. Sie ist ein Herz von Mädchen, deshalb passt sie gut zu ihm. Er kann es kaum erwarten, bis sie uns zum ersten Mal zu Hause besucht. Bereits Tage zuvor ist er überglücklich und aufgeregt. »Wie oft muss ich noch schlafen, bis sie kommt? Mama, ich will sie heiraten!« Spielen, schmusen, lachen, Quatsch machen – alles, was für ein gesundes Kind eine Selbstverständlichkeit ist, hat Jonathan nun auch und eben nicht nur durch uns als Familie. In liebevollster Fürsorge hilft sie ihm, die Orthesen auszuziehen, schiebt seinen Rolli voller Stolz durch die Wohnsiedlung bis zum Spielplatz, feuert ihn bei jeder Bewegung an oder krabbelt aus Solidarität neben ihm her. Was für eine Freundin! Was für ein Geschenk! »Mama, bekomme ich jetzt ein Baby? Ich habe Jonathan geküsst«, erzählt Lisa ihrer Mutter, einer kessen Italienerin. Wir amüsieren uns nicht schlecht. Das ist die große Liebe Jonathans, auch die einzige, auf jeden Fall eine aufrichtige und unvergessliche! In den Osterferien will Lisa unbedingt bei uns übernachten. Außerdem darf Jonathan einen ganzen Tag bei Lisa bleiben. Mit ihrer Mutter bin ich gleich am ersten Elternabend per Du. Ich mag ihre unkomplizierte, herzliche Art. Auf den Mund gefallen ist sie überhaupt nicht. Als wir auf dem Balkon unserer neuen Wohnung sitzen und ich bedaure, dass die Geländer leider noch immer nicht montiert worden sind, ruft sie spontan in aller Lautstärke den Bauarbeitern zu: »Hey, hier fehlt noch was!« Dabei wirft sie einen herausfordernden Blick nach unten und wippt mit ihrem Oberkörper. Ihr Anblick entgeht zweifellos keinem einzigen Mann, der in Augenweite unseres Balkons steht!

Während die Kinder spielen, trinken wir Kaffee und finden abwechslungsreiche Themen: Männer, Tattoos, Piercings, Berufsleben. Sie hat gerade einen neuen Job bei Bijou Brigitte angenommen und wenn ich etwas brauche, muss ich es nur sagen. Sie bekommt schließlich Prozente. Lisas Mutter sprüht vor Lebensfreude. Sie hat gleich eine ganze Latte an Ideen, was wir alles unternehmen könnten, von Eis essen bis zu Flugplatzbesuch. Nein, ich habe keine Ahnung, wann und wie sich das realistisch gesehen in die Tat umsetzen lässt, aber ihr Eifer reißt mich mit. Drei Mal bin ich dieser Frau bislang begegnet und sie behandelt mich wie eine langjährige Freundin. Matthea liebt Lisa ebenfalls. Lisa hat ein knallig rosafarbenes Zimmer, Barbies und was Mädchen sonst noch lieben, in Hülle und Fülle. Außerdem ist sie ein großes Mädchen, zu dem Matthea gern aufschaut. An diesen Nachmittagen sind alle glücklich.

3 ERSTER ORGEL-UNTERRICHT

Der Tag beginnt traumhaft. Sobald Matthea im Kindergarten ist, habe ich knapp vier Stunden Zeit! Luxus pur! Ich schwebe im siebten Himmel. Zum Mittagessen gibt es Mattheas Leibspeise: Maultaschen in der Brühe und Salat. Schnell gekocht. Glückliches Kind. Pünktlich um 13.30 Uhr brause ich mit unserem roten Bus los und suche den günstigsten gebührenfreien Parkplatz. Jetzt bin ich aufgeregt!

Das schwere, hohe Gitter vor der Kirche und die Türe stehen weit offen, vom Lehrer keine Spur. Eiskalte Luft strömt mir aus dem heiligen Raum entgegen. Gott sei Dank steht hinter dem Orgelsitz ein kleiner Ofen, sorgfältig mit dem Namen des Kantors beschriftet. Ich habe im Sommer dank liebevoller kostenloser Babysitter meine freien Minuten genutzt, um mich auf die erste Unterrichtsstunde vorzubereiten. Ein Präludium von Bach habe ich einstudiert und die Filmmusik von »Forrest Gump« auf meine Weise für Orgel arrangiert. Ehrlich gesagt, ich bin ganz schön stolz auf mich! Wer hätte das Wochen vor dem eigentlichen Unterricht mit dieser Beharrlichkeit getan?! Aufgrund der Kälte marschiere ich wieder Richtung Ausgang. Es schlägt zwei Uhr. Da läuft in zügigen Schritten der Kantor auf mich zu und entschuldigt die leichte Verspätung.

Wie sehr habe ich mich auf diesen Moment gefreut! Ich sitze vor der riesigen Orgel mit prächtigem Klang und spiele Bach. Fehlerfrei gelingt es mir nicht. »Das wird schon«, denke ich und merke zugleich, dass mein Lehrer die Sache ernster nimmt als ich. »Was sagen Sie selbst zu diesem Stück und der Art, wie Sie es gespielt haben?«, fragt er. Von meiner angeborenen Schlagfertigkeit ist nichts mehr übrig. Ich kann nur noch stammeln. Sein freundliches Lächeln macht mir nicht wirklich Mut. Entgeistert plappere ich etwas über Ausdruck und Triolen. Die Fragen des Berufsmusikers verunsichern mich vollends: »Welche Tasteninstrumente gab es damals? Was wissen Sie über Agogik? Wie übt man Triolen?« Auf keine seiner Fragen weiß ich eine so umfassende Antwort, dass er sie nicht noch ergänzt. Vielleicht wäre es sinnvoll gewesen, zur Vorbereitung ein musikalisches Kompendium auswendig zu lernen?! Oder einfach so zu tun, als hätte ich überhaupt keine Vorbildung?! Er sagt: »Gehen wir noch mal einen Schritt zurück. Beginnen wir am Pedal bei null.« Irgendwie habe ich mir das alles anders vorgestellt.

»Forrest Gump« fällt auch in den kommenden Stunden unter den Tisch. Das scheint er nicht leiden zu können. Für mich dagegen ist diese Geschichte ein Inbegriff von Gnade. Ein Beinschienen tragender Junge mit einem IQ von 75 hat augenscheinlich keine Aussicht auf ein erfülltes Leben. Doch durch die liebevolle Annahme und den Kampfgeist seiner Mutter gelingt Forrest Gump weit mehr! Er wird ausgezeichneter Läufer, Footballspieler, sogar Lebensretter. Er studiert trotz seines Handicaps an einer Universität. Schließlich schenkt ihm Jenny, die Liebe seines Lebens, kurz vor ihrem Tod ein Kind. Die bewegende Mischung aus Dramatik und Glück spiegelt sich für mich auch in der Filmmusik wider. Nein, die Wirklichkeit meines Lebens ist überhaupt nicht wie im Film. Das muss sie auch nicht sein. Die Verfilmung stellt lediglich die Wahrheit dar, an der ich festhalten möchte: Alles wird gut, auch wenn es nie wieder gut werden kann. Manchmal bin ich zu Tränen gerührt, wenn ich das Titelthema höre oder spiele. Forrest Gump bedeutet Gnade in Wort, Bild und Ton! »Lehrjahre sind keine Herrenjahre. Irgendwann werde ich so gut sein, dass ich orgeln kann, was ich will«, spreche ich mir selbst Mut zu.

Als ich die einzelnen Übungen so gut ich kann nachspiele, lobt mich der Lehrer mehrmals. Nach der Stunde raucht mein Kopf und ich bin irgendwie durcheinander. Das Orgeln hat mir gefallen. Gleichzeitig komme ich mir dilettantisch vor. Mein Vorspiel war offensichtlich kein Balsam für seine Ohren. Und was weiß ich schon? Einerseits regt das meinen Ehrgeiz an: »Sie werden meine Musikalität noch zu hören bekommen!« Andererseits stelle ich zutiefst ernüchtert fest, dass ich mir mit der Orgelspielerei eine ziemlich große Nummer vorgenommen habe.

Die ausführliche Erläuterung über geeignetes Schuhwerk (vorn schmal, Ledersohle dünn, Absatz, aber nicht zu hoch, am besten zwei Paar mit unterschiedlichen Größen, damit im Winter Socken getragen werden können) hat zur Folge, dass mir meine Winterstiefel verschmutzt und abgetragen vorkommen. Seine schwarzen Halbschuhe dagegen erstrahlen in Hochglanzpolitur. Nein, ich bin kein Wunderkind und nie eines gewesen. Das ist mir in diesem Moment glasklar. Ab morgen werde ich üben, üben, üben. Von den eintönig anmutenden, Seiten füllenden Pedal- und Anschlagsübungen lässt sich eine Frau wie ich nicht einschüchtern! Die realistische Einschätzung des Kirchenmusikers: »Wenn Sie vier bis sechs Stunden pro Woche haben, werden Sie mit den Übungen abschnittsweise einmal durch das Stück kommen im langsamen Tempo, mehr ist nicht zu erwarten, und das brauchen Sie auch nicht.«

Zugegeben, ich benötige einige Zeit, um mich an seinen Stil zu gewöhnen! Mein ganzes Leben wurde ich nie so unterrichtet. Doch je mehr ich übe, desto unwiderruflicher stellt sich das Unerwartete ein. Ich sehe diese Musik nicht nur als meinen zukünftigen Beitrag zum Gottesdienst. Ich entwickle Leidenschaft für das einzigartige Instrument. Wieso passt die Orgel zu mir? Auf der Suche nach Erklärungen stoße ich auf einen Gedanken, der mich seitdem nicht loslässt: Hier kannst du alle Register ziehen!

Vor der Heimfahrt muss ich noch neue Windeln für Jonathan im Sanitätshaus besorgen. Das ist erfahrungsgemäß lustig. Der Chef, ein flotter, attraktiver Spanier, scheint sich immer über meinen Besuch zu freuen. Denn er begrüßt mich persönlich mit Handschlag und spricht mich mit »Frau Kellner« an. Seine Kundenfreundlichkeit überträgt sich in Windeseile auf den Rest des Personals. Wie angenehm! Und ich staune jedes Mal über das perfekte Styling dieser schwarz-grauen Männerfrisur, inklusiv gepflegtem, akkurat rasiertem Bart. Wie lange steht ein Mann morgens dafür vor dem Badezimmerspiegel?

Die Bedienung hinter der Theke, eine gemütlich wirkende Endfünfzigerin, führt mir im Lager alle Windelmodelle vor. Hinweis: »Sofern die Kasse sie bezahlt.« Ich decke uns gut ein und schätze die riesigen Regale. Sie lassen selbst Bestellungen in großen Mengen ohne Probleme zu. Als ich an der Kasse den Geheimcode meiner Bankkarte eintippe, tritt der Besitzer, groß und stattlich, aus seinem Büro. »*Hola, ¿qué tal*?«, möchte ich übermütig rufen. Aber mein Spanischkurs an der Uni liegt fast zehn Jahre zurück und ich habe Angst, mich zu blamieren. So bleibt es bei einem gewöhnlichen: »Hallo.« Sobald er meine Einkäufe gesichtet hat, will der Chef mir die Windelpäckchen bis ans Auto tragen. Wie liebe ich das! Ein aufmerksamer Mann mit Sinn für das Praktische! Ich lehne dankend ab. Seine Servicekraft ist ihm mit diesem Angebot bereits zuvorgekommen. Bei aller Anerkennung seines Engagements – das schaffen wir Frauen auch allein. *Yes, we can*! Augenzwinkernd lache ich: »Nein, Sie sind viel zu stark für die Windelpackungen!« »Wenn Sie meinen!«

Der Weg nach Hause tut mir gut. Ich verdaue die künstlerische Ernüchterung. Zu Hause berichte ich Dirk brühwarm von meinen Eindrücken und Empfindungen. Dirk lacht und tröstet: »Nimm es dir nicht so zu Herzen. Orgel spielen ist dein Dienst für die Gemeinde. Das wird schon.« Das gefällt mir. Ich beschließe, meinen Begrenzungen und Unfähigkeiten mit viel Geduld und einem inneren Lächeln zu begegnen. Als ich abends mein Andachtsbuch aufschlage, fällt mein Blick sofort auf das Wort des Tages aus dem Korintherbrief: *Denn wenn ich schwach bin, bin ich stark.*[14]

24 AM ZENIT DER ZERBRECHLICHKEIT

Ich sage dir: Sei stark und mutig! Hab keine Angst und verzweifle nicht. Denn ich, der Herr, dein Gott, bin bei dir, wohin du auch gehst.[15] Dieser Bibelvers begleitet uns seit Jahren. Immer wieder lese ich ihn irgendwo oder bekomme ihn im richtigen Augenblick per Mail von einer Freundin geschickt. Das ist kein Zufall. Seit Beginn unseres Diagnose-Marathons habe ich ihn unzählige Male meditiert.

Jonathan erhielt im Alter von achtzehn Monaten die erste Lebendimpfung (Mumps, Masern, Röteln). Sein Körper reagierte nicht nur heftig – das ganze Immunsystem brach zusammen. Wir wurden sofort ins Krankenhaus geschickt. Nie werde ich vergessen, wie ich aufgelöst vor der Tür eines Untersuchungszimmers stand und mich ein wildfremder Arzt bat, draußen zu warten. »Der Anblick ist einfach nicht schön! Aber es ist bald vorbei. Ihr Sohn ist dann gleich wieder bei Ihnen!« Dann hörte ich mein Kind schreien wie am Spieß und konnte außer Aushalten nichts tun. Angst ist ein milder Ausdruck für mein Gefühl und den Schreck jenes Tages. Gott sei Dank beobachtete mich eine Mutter, die ich noch nie gesehen hatte. Auf einmal kam sie entschlossen auf mich zu und umarmte mich mutig und spontan. »Ich weiß, wie man sich in dieser Situation fühlt. Ich habe das auch schon durchgemacht. Es tut sehr weh.« »Das Fieber ist seit Tagen um die vierzig Grad hoch! Ich habe mir zuerst nichts dabei gedacht, aber jetzt! Vielleicht hätte ich viel früher reagieren müssen!«, schluchzte ich. »Wenn ich gewusst hätte, dass dieses Kind so krank ist!«, bedauerte der Arzt vor Ort, der Vertrauen in mir weckte, weil er mit unserem Kinderarzt befreundet war. »Gut, dass Sie sich noch vor dem Wochenende auf den Weg hierher gemacht haben!« Jonathans Entzündungswert im Blut war vierzigfach erhöht. Die Fachleute entschieden sich für eine Woche Antibiotika-Infusion im Kinderkrankenhaus. Die Therapie schlug sofort an. Die Entzündung ließ sich nicht lokalisieren. Ursachen konnten nur vermutet werden. Vielleicht eine Hirnhautentzündung? Nach Abklingen des Fiebers schickten uns die Klinikärzte wieder nach Hause. Begründung: »Das kommt eben vor.« Medizinische Erklärung beendet. Der Spitzfindigkeit und Genauigkeit unseres damaligen Kinderarztes hatten wir es zu verdanken, dass wir den Symptomen auf der Spur blieben. Wenige Wochen später bat uns der junge Mann zu einem Gespräch unter sechs Augen in seine Praxis. »Ich möchte Sie zu den Spezialisten in die Universitätsklinik überweisen. Die Vorgehensweise meiner Klinikkollegen gefällt mir nicht. Möglicherweise leidet Jonathan unter einer sehr seltenen Immunerkrankung.« Der ernste Blick nahm mir allen Mut. Selbst Dirk schluckte.

Sei stark und mutig! Hab keine Angst und verzweifle nicht, lasen wir dann in der Tageslosung. Nach den ersten Untersuchungen bestätigten die Spezialisten eine Immunerkrankung.

Ich spielte mit dem Gedanken, meine Ausbildung abzubrechen. »Nein, nein, ich kümmere mich um alles, wie abgesprochen. Du bringst dein Referendariat zu Ende!«, überzeugte mich Dirk. Erst im Alter von zwei Jahren lernte Jonathan laufen. Er galt als grobmotorisch entwicklungsverzögert, erhielt Unterschenkelorthesen und Physiotherapie, um seine Gehfähigkeit zu verbessern. Ansonsten war er ein charmanter, willensstarker Schelm, der Eis am liebsten im Winter erntete, weil es sonst nicht kalt genug war. Und Gott war bei uns.

Knapp sechs Jahre später stand ein Professor in unserem Patientenzimmer einer anderen Universitätsklinik. Wie die meisten Krebspatienten hatte unser Goldstück nach dem letzten Therapiezyklus eine Darminfektion eingefangen, die nur mit Infusionsgaben behandelt werden konnte. Deshalb saßen wir wieder einmal im Krankenhaus. Der Tumor konnte zu diesem Zeitpunkt Gott sei Dank als geheilt betrachtet werden. »Ich interessiere mich sehr für Jonathans Erkrankung, denn ich forsche als Neurologe genau auf diesem Gebiet. Wurde seine Krankenakte bereits von einem Fachmann aufgearbeitet?« Wir schüttelten den Kopf. »Wenn Sie nichts dagegen haben, werde ich mich an meinen Wochenenden dahinterklemmen, um zu erkennen, ob es sich bei seinen Veränderungen um mögliche Nebenwirkungen der Chemotherapie handelt oder um eine neurologisch bedingte Erbkrankheit. Das wird lange dauern. Vielleicht benötigen wir weitere Untersuchungen.« Der Fachmann machte keinen Hehl daraus, dass es ihm um die Wissenschaft ging, nicht um das Menschliche. Warum sollte er auch? »Es gibt Millionen von Kindern mit Behinderung, die nie erfahren werden, woran sie leiden. Zwei Drittel aller Behinderungen können medizinisch gar nicht erfasst werden«, erfuhr ich. »Psychologisch gesehen ist es für die Eltern besser zu wissen, woran sie sind, glauben Sie mir«, bekundete der Professor. Er forschte und forschte, weltweit vernetzt. War das vielversprechend für uns? Im Moment seines plötzlichen

Erscheinens, Hintergrund Klinikkulisse, war mir alles egal. Ich hatte noch keine Woche Pause, um mich von den Szenarien der Tumorbehandlung zu erholen. Nie werde ich vergessen, wie Jonathan nur noch regungslos im Bett lag, mit viel Mühe gefüttert werden musste und nicht mehr sprechen, nur noch lallen konnte. Sein ganzer Körper zitterte immer wieder. Ohne Windeln nässte er ständig ein. Wahrscheinlich bedankte ich mich noch nicht einmal, dass sich eine solche medizinische Größe der Gesundheit meines Kindes annahm.

Während des einwöchigen Klinikaufenthalts beobachtete ich das Tuscheln der Ärzte und Schwestern. Immer wieder sah ich den Neurologen kommen und den Immunologen, auch den Stationsleiter. Alle mit ernster, besorgter Miene. Und ich spürte, dass hier etwas im Busch war, etwas absolut nicht stimmte. Das hatte nichts mit dem Darminfekt zu tun. Ich bin doch nicht blöd. Aber man sagte mir nichts. Man wünschte nur »Alles Gute.« Wollten sie mich nicht zusätzlich belasten, weil es unschwer zu erkennen war, wie sehr ich am Ende war? Hatten sie Vermutungen und hielten die Schonfrist ein, bis definitive Ergebnisse feststanden? Nahmen sie an, ich bräche zusammen, wenn nur eine weitere Prise Erschütterungsbotschaft auf mein Nervenkostüm fiele? Diese unerträgliche Ungewissheit, diese bedrückende Atmosphäre und die Frage, wie es um mein Kind stand! Mutig und entschlossen bestürmte ich das Personal: »Gibt es etwas Neues? Warum hat Jonathan dermaßen abgebaut? Können die Symptome Nebenwirkungen sein?«

Dann begann es zu regnen. Jonathans Hand zitterte zum Fenster. Ein Ton kam aus ihm heraus. »Du willst auf dem Fensterbrett sitzen, um den Regen zu beobachten?« Er nickte. Ich wusste, wie er den Regen liebt und den Sturm. Ich drückte ihn fest an mich und dankte, denn er war noch da. Jonathan war noch da. Wir mussten kein Licht für ihn anzünden. Wir ließen ihn kurz darauf taufen, damit er ganz zu Jesus gehört.

Die Nottaufe mit den Paten in unserem Wohnzimmer bedeutet Jonathan noch heute sehr viel.

Durch Zufall erstellte das Personal beim nächsten MRT auch ein Bild des Kopfes. Der Vergleich mit MRT-Bildern aus meiner Ausbildungszeit zeigte eindeutig, wie Jonathans Gehirn geschrumpft war. »Besser wird es nicht mehr. Bestenfalls bleibt das so«, sagte der Neurologe trocken. Entmutigend realistisch. Wie sollte ich damit umgehen? Sagt mir das einer?

Ein halbes Jahr später erhalten wir einen Termin in der Sprechstunde des Professors. Die eine und andere kleinere Untersuchung zur genaueren medizinischen Klärung haben wir der Wissenschaft zuliebe mitgemacht. In aller Sachlichkeit stehen die Fakten im Raum. Jonathans Erkrankung ist weltweit einzigartig. Sein Gehirn wird weiterschrumpfen, bis alle lebensnotwendigen Funktionen eingestellt werden. Am ehesten lässt sich die komplexe Symptomatik einer genetisch bedingten Stoffwechselerkrankung zuordnen, die MLD (*metachromatische Leukodystrophie*) heißt. Dafür fehlt allerdings noch ein medizinisches Kriterium. Wir sollen in Kontakt bleiben und Jonathan zwei Mal pro Jahr in der Sprechstunde vorstellen. Ja, genau das ist die Erkrankung, die Dirk vor sechs Jahren nach seiner Recherche im Internet eine schlaflose Nacht bereitet hatte. Meine schlimmsten Albträume bewahrheiten sich mit dieser Diagnose. Das ist eine unfassbare Zumutung. Alles andere wäre geschönt.

Doch du sagst noch einmal: *Sei stark und mutig!* Nein, ich bin sprachlos und erschlagen! Der Tumor mag eine große Herausforderung gewesen sein. Nun aber ist mein Leben definitiv, auf unabsehbare Zeit, ein Leben am Zenit der Zerbrechlichkeit. Und wenn du, Gott, nicht bei mir bleibst, sehe ich nicht, wie ich auf diesem Weg auch nur einen Fuß vor den anderen setzen kann.

5 SOLCHE UND SOLCHE

»Früher war immer die Pfarrfrau die Vorsitzende des Krankenpflegevereins!«, gibt mir eine in der Kirchenbank hinter mir sitzende Dame vor dem Gottesdienst zu bedenken. »Aha!«, schießt es mir durch den Kopf. Meine Erwiderung fällt wohl unwirsch aus. Meine Tage sind auch ohne kirchliches Ehrenamt mehr als voll. Warum sieht diese Frau das nicht? Den Krankenpflegeverein habe ich zu Hause! Wenn ich nicht von Natur aus zackig wäre, müsste ich auf meinen Ausgleich – zwei bis drei Stunden Musik oder Schreiben am Tag – verzichten. Es ist schwierig zu vermitteln, dass wir in den seltensten Fällen Däumchen drehen. Oder handelt es sich dabei um ein Relikt aus der schönen alten Zeit, damals, als die Pfarrfrau noch die gute Seele des Pfarrhauses war? In dem Fall hätte diese Bemerkung gar nichts mit mir zu tun.

»Warum kehrst du nicht in den Schuldienst zurück? Die Kinder sind doch morgens aus dem Haus«, stellt eine Bekannte fest, die nie ernsthaft krank gewesen ist. Möglicherweise will sie nur ein Gespräch mit mir anfangen. Ich werfe den Ball zurück. »Wie vergeht deine Zeit, wenn du an der Nordsee bist?« Sie und ihr Mann haben keine Kinder, aber einen Hamster. Jedes Jahr lässt sie sich für mehrere Wochen krankschreiben. Pollenallergie. Die Ferienwohnung unweit vom Meer lohnt sich. »Morgens nach dem Frühstück Zeitung lesen, dann das eine oder andere einkaufen fürs Mittagessen, am Nachmittag spazieren gehen, abends fernsehen. Irgendwie geht sie schon herum, die Zeit.« Aha! Mit Pollenallergie könnte ich auch dienen!

Wo während der Chemotherapie noch Post, Geschenke, E-Mails, Anrufe, Gebetsbekundungen und viele kleine und große Überraschungen das Leben durchfluteten, herrscht nun meistens eine ohnmächtige Sprachlosigkeit. Was soll man dazu sagen? Wie schrecklich hilflos Menschen um uns und teilweise auch mit uns sind! Was soll man dazu sagen? Höchstens weinen kann man noch und Gott die zerreißenden Klagen entgegenschleudern. Ich habe vollstes Verständnis, denn es ginge mir als Außenstehende nicht anders. »Was Sie erleben müssen, welchen Schmerz! Es tut mir so leid für Sie!«, bekundet mir eine feinfühlige Frau, die selbst viel durchgemacht hat. »Ich bewundere dich!«, sagen einige, und das ist wirklich nett. »Was du aushältst! Das ist übermenschlich!«, entsetzt sich meine Freundin und verspricht: »Ich bin immer für dich da! Ich habe kein Problem damit, der Tod gehört zum Leben. Wer sich dem nicht stellen will, der möchte auch nicht wachsen.« Viele Menschen bieten praktische Hilfe an, die wir sehr schätzen und auf die wir auch angewiesen sind. Jonathan unterhalten, steht in der Hitliste ganz oben.

Die Reaktionen auf unser Schicksal fallen so unterschiedlich aus wie die Menschen selbst. Auf Mitleid bin ich allergisch. Das macht klein und leugnet Gottes Güte. Gut gemeint, ist leider nicht immer gut gemacht. Es gibt Tage, an denen ich keine Lust habe, einkaufen zu gehen. Wer weiß, welche Sprüche ich mir heute anhören muss: Wie bescheiden ich aussähe, dass ich eine Kur bräuchte, dass ich zum Psychiater solle, wie Matthea zu kurz komme, wie wenig lebenswert Jonathans irdische Zeit sei und dergleichen mehr. Als Pfarrfrau in einem Dorf war ich es von Anfang an gewohnt, von kirchenkritischen Menschen gemieden zu werden. Mittlerweile gibt es auch überzeugte Christen, die einen Bogen um mich machen, weil sie Leid in dieser Größenordnung nicht aushalten.

Wem kann ich vertrauen? Wer spielt mir etwas vor? Muss ich für alle und alles Verständnis haben oder gibt es so etwas wie eine gerechte Wut? Wer steht zu und hinter uns? Für meinen Mann stellen sich diese Fragen nicht in der gleichen Weise, weil er ein mehr sachbezogener Typ ist. Zu tun gibt es genug. Sein engster Mitarbeiterkreis unterstützt ihn und akzeptiert, dass aufgrund unserer Situation nicht jede weiterführende Idee Gestalt gewinnen kann. Gott sei Dank beten viele treue Menschen für uns und teilen uns das als Ermutigung mit.

»Was willst du?«, »Was brauchst du?«, »Was tut dir gut?«, wollen Freunde wissen. Manchmal lässt sich das gar nicht sagen, weil ich es selbst nicht weiß. Natur und Einsamkeit, Musik und Literatur, ein, zwei Stunden Freiheit und heraus aus der Wohnung. Die E-Mail einer Freundin bringt mich auf eine Idee: Ich könnte eine Art »Bedienungsanleitung« schreiben für den Umgang mit Menschen, die in Krisenprozessen stecken! Wäre das sinnvoll für diejenigen, die uns wirklich wertschätzen?

Gib mir keine Tipps. Bilde dir nicht ein, du wüsstest besser als ich selbst, was gut für mich ist. Entmutige mich nicht mit traurigen oder dramatischen Geschichten, die du irgendwann gehört oder miterlebt hast. Male meine Zukunft nicht mit dunklen Farben an unsere Hauswand, ich habe Kummer genug. Sei da. Sei du. Lass mich einfach sein. Hör zu. Halte mich aus. Grenze dich ab, wenn du es brauchst. Bleib ehrlich. Zwing mir nichts und niemand auf. Lass mich trauern, ohne mich für krank zu erklären. Lass mich sein. Hör mir zu. Halte mich aus. Mach mir Mut. Nimm meine Stärke wahr. Glaub an mich. Koch mir Tee. Lies mir vor. Schweige mit mir. Schweige mit mir. Schweige mit mir.

Bin ich unkompliziert oder kompliziert? Wer würde sich anmaßen, eine Antwort darauf zu geben? Ich muss jetzt meiner inneren Logik folgen, sonst überlebe ich nicht. Das muss jetzt keiner verstehen, nicht einmal ich selbst. Auf solchen Wegen stellt sich schnell heraus, mit wem »Leben teilen« möglich ist und mit wem nicht. Manchmal trägt das Glück einer Begegnung oder eines einzigen Wortes durch Tage und Wochen. Was passiert, wenn ich mir selbst ein Fragezeichen bin? Du kennst mich durch und durch, Gott. Denn ich bin dein Geschöpf! Vor dir muss ich mich nicht ergründen und erklären. Du schaust mich an mit einem Blick voller Liebe. Menschen bleiben ihr Leben lang unvollkommen. Dein Verständnis und Mitgefühl kennt keine Grenzen. – Als heilsam erkenne ich die Abhängigkeit von Gott in einer neuen Tiefe. Ich lenke meine Erwartungen um – weg von den Menschen, hin zum Höchsten. Gott allein genügt.

Eine Bekannte schlägt uns vor, eine Überlebensbox mit Wohltu-Worten anzulegen. Was auch immer geschieht oder um uns gesprochen wird – diese Sätze lassen sich hochhalten, in dickes Schwarz drucken und mehrfach unterstreichen. Wie praktisch! Bei Bedarf ziehe ich sie aus der Erinnerungskiste.

Ich habe dich als einen Menschen kennengelernt, der nie aufgibt. – Jede Phase geht vorüber. – Es darf sein. – Du schaffst es – Gott liebt dich bedingungslos. – Du machst das gut. – Alles wird gut, auch wenn es nie wieder gut werden kann. – Ja, es ist Mist!!! – Ich bin für dich da. – Du darfst die Faxen dicke haben! – Das ist normal. – Ich verstehe dich. – Du bist die Mutter. – Das ist Liebe. – Du bist Gottes tapfere Heldin. – Es wird dich stark machen. – Und wir wissen, dass für die, die Gott lieben und nach seinem Willen zu ihm gehören, alles zum Guten führt.[16]

»Wir sind doch alle traumatisiert. Jeder auf seine Weise.« Diese an mich gerichtete Feststellung lässt mich innerlich aufhorchen. Nein, kein Mensch kann ein Urteil fällen oder Schicksale vergleichen! Nein, Unglücke lassen sich nicht über einen Kamm scheren. Denn jede Geschichte, jedes Leiden ist einzig, jeder Mensch einzigartig. Wer besäße die Dreistigkeit, den Schmerz eines KZ-Häftlings in Auschwitz zu relativieren? Der Psychologe Viktor Frankl berichtet in seinem Buch *... trotzdem Ja zum Leben sagen. Ein Psychologe erlebt das Konzentrationslager* von seinen erschütternden Erfahrungen.[17] Was die Häftlinge im Dritten Reich über Jahre aushalten mussten, lässt sich nur annäherungsweise nachvollziehen, niemals begreifbar machen. Dafür gibt es keine Sprache. Etwas Derartiges muss man selbst durchlebt haben.

Der Mensch muß sich auch dem Leid gegenüber zu dem Bewußtsein durchringen, daß er mit diesem leidvollen Schicksal sozusagen im ganzen Kosmos einmalig und einzigartig dasteht. Niemand kann es ihm abnehmen, niemand kann an seiner Stelle dieses Leid durchleiden. Darin aber, wie er selbst, der von diesem Schicksal Betroffene, dieses Leid trägt, darin liegt auch die einmalige Möglichkeit zu einer einzigartigen Leistung.[18]

Als ich diese Zeilen lese, fühle ich mich unendlich getröstet und verstanden. Warum sollten trauernde Menschen nicht das Recht haben, die augenscheinliche Katastrophe auf ihre Weise zu bewältigen? Zeigt sich menschliche Größe nicht auch darin, einem Leidenden den Raum für seinen Schmerz zuzugestehen?

Nach einem Gemeindefest bin ich im Dorf unterwegs und habe einiges zu erledigen. Ich freue mich, dass ich mehrfach darauf angesprochen werde, wie schön alles gewesen sei. »Ein Lob und einen Gruß an den Mann.« »Danke, ich gebe es weiter.« Alle feierten. Nur ich musste nach dem Essen nach Hause. Jonathan ging es plötzlich schlecht. Wenige Tage später begegnet mir eine gepflegte ältere Glaubensschwester. »Was für ein gelungenes Fest! Die Presse berichtet auch nur positiv!«, bemerkt sie nicht ohne Stolz. Und dann ergänzt sie mit einem Blick voller Liebe: »Vielen Dank, dass Sie das ermöglicht haben, indem Sie Jonathan pflegen und sich um ihn kümmern! Vielen Dank, wie Sie Ihrem Mann den Rücken freihalten.«

An einem Karfreitag gibt es in unserer Nähe ein Gottesdienstkonzert mit wunderbarer, berührender Musik. *Stabat Mater* von Pergolesi. Inhaltlich geht es um die schmerzerfüllte Mutter Jesu, die am Kreuz steht. Der Kantor trifft genau den richtigen, einen einfühlsam-traurigen Ton, um den Realitätsbezug zu seinem künstlerischen Ausdruck herzustellen: »Es gibt auch heute noch Mütter, die ihre Kinder verloren haben, und Mütter, die um ihre verletzten Kinder trauern. Ihrer können und wollen wir an diesem Tag auch gedenken.«

6 FLÜGEL

15. April 2012. Die Welt denkt an den Untergang der Titanic. Hundert Jahre ist das nun her. Ich habe es gestern in den Nachrichten verfolgt. Heute erinnere ich mich daran zurück, weil sich mein Leben – übertreiben wir nicht –, weil sich mein Tag genauso anfühlt: Untergang. Schiffbruch.

Die Ärztin vom medizinischen Dienst war zur neuen Klärung der Pflegestufe bei uns. Wir gingen die zahlreichen Formulare gemeinsam durch. Wie viel wiegt Jonathan? Wie groß ist er? Wie isst, wie schläft er? Wie hat er sich entwickelt? Welche Zeit benötige ich für was? Was steht in den letzten Arztberichten der Klinik? Was bedeutet das für die häusliche Pflege? Welche Tätigkeiten kann er wenigstens teilweise selbstständig ausführen? Gab es Anzeichen für ein Rezidiv, für eine Rückkehr des bösartigen Tumors? Und so weiter. Morgen ist der Termin in der Klinik zur onkologischen Nachsorge mit Blutentnahme und Ultraschall der Lymphen. Meine Nerven liegen blank. Viele

Bilder aus dem letzten Jahr tauchen unwiderruflich aus dem Bewusstsein auf. Jonathan, als er noch mit Rollator gehen kann und sich schwerfällig in Richtung Toilette bewegt. Jonathan, stinkwütend über den Infusionsständer, der für die Gabe der »Chemoritter« notwendig ist. Jonathan, erschöpft, sich nicht mehr bewegend oder reagierend. Jonathan, den ich füttern, wickeln und umziehen muss, weil er nur noch zittert. Jonathan, der selbst die Klinikclowns nicht mehr sehen will, weil er viel zu müde ist. Jonathan, der einige Tage nicht mehr zu sprechen vermag. Jonathan, der nicht mehr allein sitzen kann. Mein Horrorfilm läuft wieder, und ich habe schon am späten Nachmittag Mühe, nicht in Tränen auszubrechen.

Warum, Gott, warum? Warum dieses Kind? Warum wir? Nicht zu vergessen meine unbegründete Sorge um Mattheas Entwicklung. Natürlich tue ich mein Bestes, um eine gute Mutter zu sein. Doch im Moment könnte ich mich permanent zweiteilen. Die Bedürfnisse der Kinder liegen dermaßen weit auseinander. Heute fühle ich mich überfordert. Nachdem die Ärztin unsere Wohnung verlassen hat – die Kinder haben die gesamte Besprechung über gut durchgehalten und zusammen gespielt –, fordern beide ihre Rechte auf Mama. Jonathan will *Beppo Der Bock* spielen. Matthea dagegen begeistert sich für Vater-Mutter-Kind. Der Bruder soll überhaupt nicht dabei sein. Dieser wiederum hat soeben die Windeln voll und den Popo wund. Hat er versehentlich etwas mit Zitronensäure gegessen? Leider kann er vor Ungeduld nicht warten, bis ich ihn aus dem Therapiestuhl hieve, und knallt auf den Boden. Dabei schrammt er sich den Rücken blutig. Gebrüll. Wenn ich Jonathan tröste und zu beruhigen versuche, fühlt sich Matthea vielleicht vernachlässigt. Wenn ich mich nicht um den Großen kümmere, zerreißt mir sein Geheul den letzten Nerv. Hilfe! Was ist im Moment am wichtigsten? Mit frischer Windel lege ich Jonathan ins Bett und mache ihm die Dinosaurier-CD an. Am besten, er ruht sich einige Minuten aus. Die Schule ist ohnehin sehr anstrengend für ihn. Dann gehe ich zu Matthea ins Zimmer und spiele das Kind, das heute – wie jeden Tag – Geburtstag hat. Ich bekomme Unmengen von Spielsachen geschenkt und muss Unmengen von Kuchen und Süßigkeiten essen. Matthea ist zufrieden. Sie liebt es, Mama auf diese Art zu versorgen. Außerdem steht heute Baden oder Duschen der Kinder auf dem Programm. Jonathan sollte bei den morgigen Untersuchungen gut riechen. Unter der Dusche sind beide Kinder zu meiner Überraschung dermaßen versöhnt, dass sie nur gemeinsam in den »Regen« wollen. Der Rest läuft wie am Schnürchen ohne Zwischenfälle. Langsam stellt sich Entspannung bei mir ein. Das bedeutet an diesem Tag allerdings Traurigkeit und Schmerz.

Als Dirk von der Arbeit kommt, sitze ich schon halb verheult am Abendbrottisch und wünsche mir, dass er keine Sitzung hat. Das nützt aber nichts. Großherzig bringt mein Held die Kinder ins Bett. In unseren dreißig Minuten zwischen Kinder-im-Bett und Ältestenkreis ruft die Frau vom medizinischen Dienst an. Sie muss noch ein paar offene Fragen klären. Gehört Jonathan schulisch nur in den Bereich für Körperbehinderte oder ist er bereits bei den körperlich und geistig Behinderten? Letzteres würde uns bei der Einstufung der Pflege zugutekommen. Ehrlich gesagt weiß ich das gar nicht. Das Team aus Lehrern und Therapeuten hat sich dahin gehend nicht eindeutig geäußert. »Alles ist im Fluss«, meinen auch die Ärzte der Uniklinik. In diesem Zusammenhang kann ich den Satz nicht ausstehen!

Dirk hat eine Sitzung mit dem Ältestenkreis. »Geh nur, ich weiß mir zu helfen«, sage ich und bete. Ich denke an die Postkarte, die ich vorfürsorglich an den Küchenschrank geklebt habe: *AUSWEG. Er ist der Ursprung aller Barmherzigkeit und der Gott, der uns tröstet.*[19] Noch bevor Dirk aus der Tür ist, gönne ich mir eine Runde Trauer. Ich sitze auf dem Sofa mit einer Tasse Tee und schreie meine Not hinaus. Gott versteht mich und fühlt mit mir. Gott weiß, dass es Liebe ist. Nur wer liebt, betrauert den stetigen oder medizinisch gesprochen *progressiven* Verlust seines einzigen Sohnes. Die Trauer beginnt nicht am Grab. Sie ist schon da. Hier und jetzt.

Ich rufe meine Freundinnen an, die just in diesem Moment nicht zu Hause sind. Unglück! »*Kyrie eleison*! Lass mich nicht zerbrechen!« Gott antwortet schnell wie der Blitz. Es klingelt an der Tür. Meine Nachbarin steht mit einem riesigen Stück Heidelbeertorte davor und grinst breit. Danke! Dirk fällt später darüber her und geht danach äußerst zufrieden zu Bett.

Dann klingelt das Telefon. Hat eine Freundin meine Nummer auf dem Display entdeckt und in erster Sekunde zurückgerufen? Nein. Es ist Gerhard, mein Musikerfreund. Vor einigen Monaten ist er mit seiner Frau in unsere Gemeinde eingetreten. Was für eine Bereicherung! Die gute Ute kommt manchmal und betreut die Kinder, damit ich Orgel üben kann. Gerhard gerät bei Musik seines Geschmacks ebenso in Euphorie wie ich. Erst vor Kurzem saß er während eines Gospelkonzerts neben mir, enthusiastisch schwelgend. An passender Stelle stand er auf, um wie ein Schuljunge laut auf beiden Fingern zu pfeifen. Applaus! Chapeau! Diesen Augenblick werde ich nicht vergessen. Ich liebe begeisterungsfähige Menschen! Gerhard erklärt mir am Telefon, im Schaukasten der Gemeinde stehe bei einer Veranstaltung eine falsche Uhrzeit. Das könne die Leute verwirren und müsse korrigiert werden.

Er hört an meiner Stimme, dass es mir nicht gut geht. Oder spürt er das durch die Telefonleitung? Er arbeitet als Therapeut und Psychiater in einer Klinik. Zuerst hat mich das abgeschreckt. In diesem Moment kommt es mir gelegen. In Kürze und Sachlichkeit (Mann bleibt Mann) schütte ich ihm mein Herz aus. Vielleicht bin ich traumatisiert? Dann erzähle ich, welche grandiose Entdeckung ich vor einiger Zeit gemacht habe: Ich lebe kreativ. Gerhard ist spitze. Er bedauert meine Befindlichkeit. Er hat noch keine Patientin mit meinem Schicksal in der Klinik gehabt. Aber eines ist für ihn sicher: Keiner kann sagen, was ich durchmache. Die unendlich verständnisvolle Weise, in der er spricht, tut gut. Meine Traurigkeit ist ganz normal. Sehr klar nimmt er meine Lage wahr! Und dann erzählt er von dem Vortrag, den er bald halten wird: Die Verarbeitung von Leid durch Musik bei Hiob und Bach. Auch neurologisch kann nachgewiesen werden, welche heilenden und reinigenden Kräfte von der Musik ausgehen. Extrem verletzende und beängstigende Erfahrungen regulieren sich im Gehirn mit der Zeit, wenn ein Mensch musiziert. Der Fachmann hat gesprochen. Getröstet höre ich diese sanft-väterliche Männerstimme. Da freut sich ein tiefgründiger Mensch mit mir darüber, wie gut das Singen tut.

Ich springe über meinen Schatten: »Gerhard, manchmal, wenn mich etwas stark beschäftigt, schreibe ich ein Lied. Ich träume davon, eine Songpoetin zu sein. Anonym, schüchtern, aber voller Leidenschaft.« Jetzt ist die Katze aus dem Sack. Meine Grenzüberwindung hat sich wieder einmal gelohnt. Denn Gerhard schwärmt jetzt vom Steinway-Flügel, der seit Jahren bei ihnen im Wohnzimmer steht. Einer seiner Kollegen hat drei davon und war bereit, ihm einen auszuleihen. Steinway-Flügel, das ist mein Stichwort. Wann kann ich kommen? Das ist keine Frage der Lust, das ist nur eine Frage der Zeit.

Eines Abends wird es wahr. Er hat mir ein paar Noten kopiert, ich habe geübt. Er spielt Trompete, ich begleite am Flügel. Wir versuchen uns vierhändig an Mozarts Kleiner Nachtmusik. Er ist gut mit Noten ausgestattet. Zum Schluss zieht er ein vierstimmiges Chorstück heraus. Er spielt Klavier, wir singen zweistimmig. Mein Herz blüht auf. Das gibt Trost! Wenn ich Lust zum Musizieren habe, rufe ich ihn spontan an. Eine Stunde abends geht fast immer. Einfache Stücke spielen wir, weil uns die Zeit zum intensiven Üben fehlt. Aber es macht große Freude. Nein, das ist untertrieben. Es beflügelt mich.

27 HANDELN »ALS OB«

Die amerikanische Bestsellerautorin Melody Beattie hat ein Buch mit dem Titel *The language of letting go*[20] geschrieben. In einem Kapitel ermutigt sie zum Handeln, »als ob« wir bereits wären, was oder wie wir sein wollen.[21] Der Impuls regt mich an. In der langen Schlange vor der Supermarktkasse warten, ungeduldig und genervt. Stopp! Handeln »als ob«! Wenigstens für einen Augenblick so tun, als sei ich ein geduldiger Mensch! Die Warterei als Zeitgeschenk zur Erholung entdecken, bevor ich weiterhechte. Ja, das fühlt sich besser an.

Handeln, als ob ich eine Künstlerin wäre! Ein grandioser Einfall! Ich könnte einmal mehr den Wünschen meiner Löffelliste nachkommen! Ein begnadeter Musiker aus der Nachbargemeinde hat die Idee, ein Konzert zu veranstalten, und zwar nicht mit hochkarätigen Sternchen, sondern mit (Hobby-) Künstlern aus der Region. »Hättest du Lust, ein paar deiner Lieder zu singen oder eines deiner Gedichte vorzutragen?«, fragt er mich lächelnd. »Du kannst nicht ewig im Wohnzimmer bleiben.« »Aber ich habe das noch nie gemacht!«, erwidere ich. »Meinst du, die Großen sind von heute auf morgen auf einer Bühne gestanden? Da wächst man doch hinein«, gibt er zu bedenken. Künstlerische Vielseitigkeit steht im Vordergrund. Kreative Menschen aus unterschiedlichen Sparten dürfen zur Ehre Gottes auftreten. Jeder kann seinen Beitrag leisten. »Authentisch eine Botschaft vermitteln, die dir am Herzen liegt, darauf kommt es an, nicht wie perfekt du sie schon darbietest. Kreativität bedeutet dienen, seine Gaben einsetzen, Schätze anbieten. Vielleicht berührt das jemanden, wer weiß?« Seine Einstellung beeindruckt mich. Was hätte ich zu verlieren? Das wäre eine Abwechslung zu Jonathans Pflege! Mein Mann wird stolz auf mich sein und hinter mir stehen.

Wenige Wochen später ist es so weit. Ein professionelles Duo improvisiert und verjazzt verschiedene Choräle an Klavier und Schlagzeug. Ein Bassist liest ausdrucksstark eine seiner Lieblingsstellen aus der Bibel vor und spielt begleitend zum Text. Zwei junge Frauen tanzen Hip-Hop auf selbst komponierte Musik. Wir hören moderne Sounds mit passenden Effekten. Im Hintergrund entsteht das Bild einer Malerin; die Zuschauer können den kreativen Prozess das gesamte Konzert über mitverfolgen. Den Abschluss bilden zwei Tänzerinnen mit ihrer persönlichen Darstellung zum Thema »Wurzeln und Flügel«. Sinnlich, wortlos Bände sprechend, bewegen sie ihre schlanken Körper im Altarraum. Ich bin mit einer viertelstündigen Performance aus Inszenierung, Musik und Poesie dabei. Übertrieben frustriert stelle ich mich als »Frau von« vor: Frau vom Pfarrer, von Dorf soundso, am besten nur noch von! Frau von Welt gefällt mir besser. Das passt zu meinem Lied *Metropole: Im Wirrwarr dieser Stadt bitte ich dich* (Hände zum Himmel hebend), *mein Pilot zu sein. Im Wirrwarr dieser Stadt lade ich dich* (Hände zum Himmel hebend) *zu mir ein.* Mir wurde manchmal vorgeworfen, dass ich meinen eigenen

Kopf habe. Deshalb therapiere ich mich selbst, indem ich ein Gedicht mit dem Titel *Eigensinn* schreibe. Am Ende erzähle ich im Song *Himmelwärts* von meiner Sehnsucht nach Gottes Perspektive über mich und mein Leben. Würde der Blick von oben nicht vieles verständlicher, leichter, himmlischer machen?

Die Aufregung und das Lampenfieber haben mir zugesetzt. Als alles vorbei ist, überwiegt das Glück. Wann bin ich das letzte Mal dermaßen mutig gewesen? Einige aus dem Publikum kommen strahlend auf mich zu. »Bleiben Sie bitte so eigensinnig, wie Sie sind!«, »Vielen Dank, das war super!«, »Genau! Ich bin ›der Mann von …‹, mir geht es wie dir!« Doch das schönste Kompliment erhalte ich von einer »Frau von«, der Pfarrfrau einer südbadischen Kleinstadt: »Im Grunde hast du eine Predigt gehalten.«

8 EIN JAHR DANACH

Ungefähr ein Jahr liegt Jonathans Tumorerkrankung zurück. Wir müssen zur onkologischen Nachsorge mit MRT. Voller Dankbarkeit staune ich, wie sich diese Erfahrung gewandelt hat. Wie ein Stein schlafe ich die Nacht davor. Lediglich die Anstrengung des Klinikbetriebs setzt mich unter leichte Anspannung. Das bevorstehende Ergebnis wird nicht beunruhigend sein. So viel weiß ich.

Auf der Hinfahrt bekundet Jonathan lautstark alle drei Minuten seine Unlust. Am Morgen hat der große Bruder seine Schwester sogar gekratzt vor Wut darüber, dass er schon wieder in die Klinik muss. Der Taxifahrer, ein gesprächiger Mann Mitte fünfzig, hat einen Gesichtsausdruck, als würde er immerzu lächeln. Hoch und heilig verspricht er dem Rebellen, nach den Untersuchungen bei McDonald´s vorbeizufahren und einen dicken Hamburger für ihn zu bestellen. Jonathan strahlt.

Das Personal in der Klinik behandelt uns mit der Würde und dem Respekt einer Königsfamilie. Das tut gut! Unser VW-Bus steht zum Umbau in der Werkstatt. Es sollen Vorrichtungen montiert werden, um den Rollstuhl über zwei Schienen in den Kofferraum schieben und dort fixieren zu können. So bleibe ich für einige Zeit flexibel und komme mit Jonathan aus dem Haus. Deshalb sitzt der Patient ausnahmsweise nicht in seinem Rollstuhl, sondern auf seinem Rollator. Ich halte Jonathan fest und schiebe ihn durch die Flure. Mit aller Hartnäckigkeit versucht er, Gehbewegungen mitzumachen, obwohl seine Beine ihn nicht mehr tragen. Die Begeisterung und Freude der Krankenschwestern über Jonathans Willenskraft und Bewegungsdrang stecken mich an. So ein Kämpfer! So ein Held! Stolz wie Oskar ist mein Großer. Die Wartezeiten zwischen Anmeldung, Blutentnahme und Untersuchungen verbringen wir wie immer mit Uno spielen und essen. Jetzt sehe ich die schwerkranken Kinder und singe innerlich: »Kyrie eleison.« Auf meiner kirchenmusikalischen Fortbildung habe ich eine neue Variante gelernt. Trost pur!

Das MRT verschiebt sich zeitlich, weil ein Junge, der sich vor Schwachheit kaum aufrecht halten kann, als Notfall dazwischenkommt. Danke, Gott, dass wir das hinter uns haben! Danke, dass du auch bei diesen Kindern und ihren Eltern bist! Der Vater des Jungen könnte der Bekleidung und Kopfbedeckung nach Jude sein. Ich lächle ihn aufmunternd an, weil ich mich genau zurückerinnere, wie jede kleinste Aufmerksamkeit Kraft schenkt. Er lächelt, nein, er strahlt zurück, und zwar über das ganze Gesicht. Ich bewundere ihn. Liebevoll trägt er seinen kahlköpfigen Sohn in den Klinikrollstuhl.

Heute feiere ich eine Versöhnung, die Versöhnung mit der Tumorerkrankung. Ich habe kein Recht darauf, dass mein Kind noch lebt, auch wenn alles nicht mehr ist, wie es war. Jonathan, mein Goldstück, ist da. Deshalb ist mir zum Feiern zumute. Was für ein Privileg! *Ist es nicht wunderbar, an diesem Tag zu sein? Es ist ein Privileg. Erachte es nicht als klein.*[22] In diesen Momenten feiere ich die Auferstehung der Zuversicht und des Vertrauens. Unerschütterlich scheinende Hoffnung steigt in mir auf. Das ist sie, die Umarmung des Sandkorns im Innern der Muschel, die Umarmung des Sandkorns, aus dem die Perle entsteht.

Die Versöhnung hat den Charakter eines Etappensiegs. Heute ist alles gut. Mein Schmerz, meine Wut und mein Hader haben nachgelassen. Diese Gefühle gehören zum Menschsein dazu. Heute empfinde ich sie weniger als bedrohlich. Sie scheinen aufgehoben und integriert zu sein, weil sich für mich auch in tiefem Leiden Spuren eines höheren Sinns erkennen lassen.

Diesseitig bin ich gar nicht faßbar.
Denn ich wohne grad so gut bei den Toten
wie bei den Ungeborenen.
Etwas näher dem Herzen der Schöpfung als üblich.
Und noch lange nicht nahe genug.[23]

(Paul Klee, 1920).

Fünfzehn Jahre vor der Tumorerkrankung saß ich mit einer Studienfreundin im Tübinger Park. Wir lasen uns Gedichte vor, und sie sagte: »Die Kunst wird dich immer halten.« Vielleicht ist von dieser schönen Vorstellung etwas wahr geworden? Auf jeden Fall kann ich mich mit Paul Klees Sehnsucht identifizieren. Die Nähe zur Schöpfung und zum Schöpfer bedeutet mir ähnlich viel. Allein diesseitig würde ich mich auch nicht verorten wollen.

Vor zwei Jahren war ich dem Herzen der Schöpfung noch nicht so nah. Eine meiner Freundinnen war an Brustkrebs erkrankt. Ich besuchte sie nie. Ein schlechtes Gewissen plagte mich, weil ich »nur« telefonierte und betete. Ich konnte nicht hingehen. Was hätte ich sagen sollen? Wäre nicht jedes Wort unpassend gewesen? Später erzählte sie mir, wie satt sie es irgendwann hatte, an ihrem Bett weinende Menschen trösten zu müssen. Schließlich sei sie todkrank, nicht die anderen. Deshalb habe ich Verständnis für diejenigen, die sich in Bezug auf schwere Schicksalsschläge unsicher fühlen. Ein halbes Jahr nach Jonathans Tumorerkrankung leidet eine andere Freundin an Krebs. Es bereitet mir überhaupt keine Mühe, sie zu sehen. Im Gegenteil, ich bedaure, dass ich nicht öfter vorbeikommen kann. Im Winter ist immer einer erkältet und ich will ihr keine Viren anschleppen. Infekte können unter Chemotherapie übel verlaufen. Ob wir aus einem Anflug an Galgenhumor heraus lachen, oder ob wir über das Schwere weinen, spielt überhaupt keine Rolle. Hauptsache, sie weiß, ich denke an sie. Ich bin für sie da.

Jonathan klopft wie wild an die Plastikscheiben seines Pflegebetts. Es ist 21.35 Uhr. Er ist aufgewacht, weil er meint, er müsse auf die Toilette. Mit Gewalt hieve ich ihn dorthin. Ein Ausnahmevolltreffer! Damit hätte ich nach seiner Auflehnung heute in der Klinik nicht mehr gerechnet! Zum ersten Mal boykottierte er die Magnetresonanztherapie. Nach einer Viertelstunde Liegen in der Röhre brüllte er nur noch, er wolle raus, er habe keinen Bock. Nichts beruhigte ihn, nichts munterte ihn auf. Das machte mich wütend und unbarmherzig, weil ich in der kommenden Woche nicht alles noch einmal von vorn durchziehen wollte! Das Personal hingegen blieb entspannt und lobte ihn. Er habe lange durchgehalten. Jonathan kann mittlerweile als geistig behindert eingestuft werden. Das hat den Vorteil, dass Hader bei ihm nur kurze Zeit anhält, nämlich vom Weg aus der Klinik bis zum Fast-Food-Restaurant. Hier war alles wieder gut. Selbst beim Memory-Spiel zu Hause grölte er: »Ich hab's! Ich gewinne!« In Wirklichkeit hatte ihm seine Schwester die zueinander gehörenden Karten vor die Nase geschoben und grinsend gesagt: »Deck doch mal die zwei auf, Jonathan.« Sind ihm seine Defizite tatsächlich kaum bewusst, oder entscheidet er sich irgendwie doch für das Glück? Manchmal schäme ich mich, wenn ich ihn zutiefst zufrieden vor dem Spiel *Lotti Karotti* sitzen und mit seinem Plüsch-Dinosaurier sprechen sehe.

Jonathan liegt nach dem Toilettengang wieder in seinem Bett und schläft. Es ist spät, ich bin müde. Als ich den Tag innerlich Revue passieren lasse, muss ich an Hilde Domins Gedicht *Rückkehr der Schiffe* denken.

> Du hast alles fortgehen lassen was dir gehörte.
> Auch die Erwartung.
> [...]
> Aber nichts stirbt ganz.
> Schläft nur in dir, dem fast Toten.
> Alles kann wiederkommen.
> Nicht so.
> Aber doch, auf seine Art,
> wieder-kommen.[24]

Heute weiß und spüre ich, wie mir viele Schiffe zurückgekehrt sind, »auch die Erwartung«. Die Erwartung erfüllt sich. Nach einer Zeit der Trauer und des Verlustes stellt sich eine neue, qualitativ andere Freude ein. Nicht automatisch, sondern unablässig. Vielleicht erleichtert mir das Festhalten an dieser Erfahrung die mit Sicherheit kommenden schweren Tage? Vielleicht kann ich mich dieses Wissens ver-ge-wissern, indem ich schreibe?

29 ORGELNACHT

Vielleicht kann ich das nur ein einziges Mal schreiben. Möglicherweise ist das beim zweiten Mal schon anders, durch Gewöhnung abgeschwächt? Oder verbraucht sich diese Erfahrung nicht? Das wäre traumhaft! Was ich empfinde, lässt sich nur schwer in Worte fassen. Jeder Mensch wird bei einem solchen Konzert seiner eigenen Wahrnehmung unterliegen. Die Orgelmusik in der Orgelnacht, das sind für mich ausnahmslos alle Register, alle Wahrnehmungsmöglichkeiten auf einmal, ein Inbegriff von Sinnlichkeit.

Ehrlich gesagt, ich habe eine große Bildungslücke. Ich kann mich nicht erinnern, jemals auf einem Orgelkonzert gewesen zu sein. Schande über mich, oder höchste Zeit! Aber jetzt sollte ich wenigstens meinen Meister einmal spielen gehört haben! An diesem Abend sind es drei Virtuosen in drei verschiedenen Kirchen an drei verschiedenen Orgeln, die Stücke aus unterschiedlichen Epochen zum Besten geben. Das Ganze erinnert mich an eine Reise. Denn nach dem ersten Teil gibt es eine kleine Pause mit Getränken und Snacks, bevor die Zuhörer zur nächsten Kirche weiterwandern. Erfreut erkenne ich einige Gesichter und bin auch nicht die Einzige meiner Generation, obgleich die Mehrzahl der Besucher um einiges älter ist.

In diesem Konzert sitze ich wie ein unbeschriebenes weißes Blatt. Natürlich ist es von Vorteil, etwas über die Komponisten, die jeweilige Epoche und die kunstvollen Kompositionen zu wissen, um beispielsweise eine Fuge in ihrer Tiefe zu verstehen. Im Literaturstudium war das bei der Interpretation von Gedichten und Dramen nicht anders. Und jetzt? Kulturelle Barbarei, Naivität oder ungeduldige Neugierde? Wie sollte ich die Lektüre über musikwissenschaftliche Themen in meinen Alltag packen? »Alles ist gut«, rede ich mir zu. Ich lasse das auf mich wirken und sehe, wie es mir bekommt. Musik höre ich nicht ausschließlich mit dem Kopf, sondern vor allem mit dem Herzen.

Überwältigend! Wahnsinn! Himmel! In mir kommt eine Flut von Bildern und Empfindungen hoch, Gedanken und Geschichten, alles gleichzeitig auf mehreren Ebenen. Musik als innere Reise, fantastisch, fantasievoll, aufregend, aufwühlend, emporhebend. Klänge der Ermutigung. Hätte ich eine Tonleiter oder besser noch ein Alphabet von Attributen, ich würde nicht die richtigen finden. Doch, die richtigen schon, aber sie wären immer noch nicht erschöpfend genug, um die Wirklichkeit tatsächlich nachzubilden. Mit geschlossenen Augen in den Klängen die Grenzen der Sprachlichkeit überschreiten hören. Kreativität, weit darüber hinaus offen, tiefgründig, reich, erfüllend. Was die Räume ausfüllt, passt nirgendwo hinein, weil alles weiterschallt, nachschwingt. Genau das ist es. Die Schwingung bleibt und konserviert sich ewig scheinend in der Erinnerung. Wenn wir im Himmel einen neuen Leib haben, schmeckt dann alles nach Klang? Impressionen. Staunen. Tiefes Verstehen und Geheimnis zugleich. Selten in meinem Leben habe ich etwas derartig Schönes gehört. Woher kommt das Wunder? Gedanken überwältigende Glücksströme durch alle Poren. Sternstunde ohnegleichen, verankert in den Herzen der Zuhörer.

Jetzt verstehe ich euphorische Kirchenmusiker etwas besser. Die Reichhaltigkeit und Tiefe dieser Meisterwerke sättigt sie künstlerisch. Deshalb brauchen viele von ihnen musikalisch nichts anderes. So sehr mich das Wortlose befremdet, habe ich mich mitnehmen lassen in diese gigantische Galaxie. Ein Grund mehr, Gott dankbar dafür zu sein, dass ich einen Zugang dazu habe. Noch eine Tür zum Himmel, nein, bleiben wir im Ausdruck lieber eine Spur poetischer: Noch ein Tor in die überirdische Welt.

0 OASE

Ich schaue hinauf zu den Bergen – woher wird meine Hilfe kommen?[25] Einmal im Jahr gönnen sich mein Mann und ich eine Woche Urlaub in den Bergen. Die Kinder werden bei Oma und Opa nach Strich und Faden verwöhnt. Das darf auch einmal sein. Wir halten es nicht anders.

Ab ins Auto, Richtung Schweiz oder Österreich, ein einfaches kleines Feriendomizil ist gebucht. Jeder hat sich, und wir haben uns. Mehr brauchen wir nicht. Bereits auf der Autobahn nach Süden erstrecken sich die schneebedeckten Bergketten verführerisch, malen sich zauberhafte Landschaften, als gäbe es keine Sorgen auf dieser Erde. Ich hänge gebannt und erholungsbedürftig an der Fensterscheibe und kann mich nicht sattsehen an der Natur. Mountainbike fahren oder wandern? Oder doch lieber *Bike and Hike*, beides zu seiner Zeit? Mein Mann kann seine Abenteuerlust kaum bremsen. Seit Wochen studiert er in jeder freien Minute diverse Landkarten, klügelt machbare

Ganz- oder Halbtagstouren aus, begeistert sich restlos für steile *Single-Trails*. Ich darf mir aussuchen, wo ich mitfahre. Freiheit, die ich meine.

Nirgends geht es mir so gut wie in den Bergen. Am frühen Morgen starten wir durch. Die Sonne ist gerade erst aufgegangen, als wir auf dem Parkplatz am Fuß eines Dreitausenders eintreffen. Wir folgen den schmalen Pfaden durch Wälder und Wiesen, begegnen neugierigen Kühen und friedlich grasenden Pferden. Fröhlich passieren wir die eine oder andere Berghütte. Ich vergewissere mich vorsichtshalber, welche zur Rast nach dem Abstieg offen sein könnte. Die Wege sind gut ausgeschildert, Gott sei Dank! Anfangs beschäftigen uns die Gedanken an zu Hause noch. Laufen bedeutet meditieren. Dabei ordnet sich alles wie von selbst. Bald haben wir den Punkt, wo der Aufstieg anstrengend war, überschritten. Das Glück, auf diese Weise ewig unterwegs sein zu können, stellt sich ein. Zur Dynamik in den Beinen kommt die gewonnene Höhe mit dem Blick auf die gewaltig schönen Bergriesen. Wie liebe ich jeden einzelnen Gipfel! Jeder hat sein Geheimnis und scheint zu rufen: Bezwinge mich! Dennoch bleibt ihnen eines gemeinsam: Sie sind einfach. Sie sind nur da. Zweifelsfrei, urteilsfrei, unzensiert und schön. Sie sind da und laden zum Erklimmen und Auftanken ein.

Geborgen weiß ich mich in dieser Weite, getragen auf der äußersten Spitze eines Kamms, gehalten auf den schmalen Abschnitten zwischen Abgrund und Felsen.

Befiehl du deine Wege
und was dein Herze kränkt
der allertreusten Pflege des, der den Himmel lenkt.
Der Wolken, Luft und Winden
gibt Wege Lauf und Bahn,
der wird auch Wege finden,
da dein Fuß gehen kann.[26]

Ein einziges großes Wunder ist das, und wir mittendrin. Mit jedem Schritt fallen die Lasten der letzten Wochen ab. Schon sehe ich die Wolken unter mir, spüre die kleinen Steine unter den Wanderschuhen, atme tief ein. Die Gespräche der Murmeltiere aus meterweit entfernten Höhlen belauschen wir lachend. An dem Wasserfall, den wir von Weitem rauschen hören, legen wir später eine Vesperpause ein und füllen unsere Wasserflaschen auf. Für alles ist gesorgt.

Ich liebe jeden Abschnitt der Route, auch kurze Gletscherüberquerungen, bei denen ich mir manchmal nasse Socken hole. Kühler und dünner wird die Luft. Eindeutig nähern wir uns dem Gipfel. Ein einziges, unbeschreibliches Wunder ist das – und wir mittendrin. Erholsame Zweisamkeit in der Einsamkeit unseres Weges. Diese Stille stillt unsere Sehnsucht nach Ruhe. Einfach sein. Wie die Berge. In der Bewegung Schritt für Schritt Frieden finden. Der erste Bergsee. Das Waten durchs kalte Wasser tut den Füßen und dem Kreislauf gut. Gänsehaut und frische, warm-weiche Socken. Die Sinne stehen schon lange auf Empfang, alle inneren Antennen auf Schöpfen und Füllen, erfüllt werden und sich überwältigen lassen von jedem Augenblick.

Eine Passage erfordert leichte Kletterei. Zur Sicherheit gibt es in die Felsen geschlagene Haken mit Seilen. Ich halte mich bewusst fest und denke: Gott hält mich. Innerlich kann ich ohnehin nicht anders als anbeten. Die Schönheit der Aussicht scheint unvergleichlich. Nur noch wenige Windungen höher, dann stehen wir auf dem Gipfel. Wilder weht der Wind um uns, während wir buchstäblich über allem stehen. Nichts als Himmel, Herrlichkeit und Glück. Nichts als Freiheit, Weite und Grenzenlosigkeit, so beklemmend die Enge unter uns auch gewesen sein mag. Am höchsten Punkt ragt das Kreuz über alles hinaus, um auf den Höchsten zu verweisen. Oh, ich will nur noch jubeln, am liebsten würde ich jodeln vor Lebensfreude, wenn ich es könnte. *Soli Deo Gloria* schreibe ich wie immer ins Gipfelbuch. Dirk unterhält sich bereits mit den anderen Bergsteigern. Woher sie kommen, wohin es bei ihnen geht. »Cheese!« Ein Foto zur Erinnerung, dann schnell einen letzten Schluck Tee und den Rückweg einschlagen, bevor es eisig wird. Die Sonne verwöhnt uns mit jedem Höhenmeter, den wir Richtung Tal absteigen. Jetzt lassen wir die steinigen Wege hinter uns. An einem windgeschützten Ort machen wir Brotzeit. Ein bisschen Farbe haben wir schon im Gesicht. Übermütig hüpfe ich über die schmale Holzbrücke, die unterhalb des Gletschers über einen Wasserfall führt. Noch immer durchströmt mich das Gefühl, über den Wolken zu schweben. Sobald es grün und grüner um uns wird, entdecke ich ein Feld aus weißem, flauschigem Wollgras. Dort will ich hineinfallen. Stundenlang könnte ich das lustige Treiben der Wolken beobachten. Ein einziges sagenhaftes Wunder und wir mittendrin. Bis Dirk von Mücken und anderen Insekten geplagt wird und es nicht mehr aushält. Bis wir beide merken, dass uns die Beine doch langsam wehtun oder wir bergab joggen müssen, weil die letzte Seilbahn bereits um 17.00 Uhr fährt. Der Berg ruft und mit ihm eine Welt, von deren Schönheit ich durchdrungen und umgeben sein möchte.

Ich nehme einen weiteren Punkt meiner Löffelliste in Angriff. Wenige Kilometer von unserer Unterkunft entfernt bietet eine Flugschule verschiedene Action-Kicks an, auch Tandemflüge. Am aufregendsten finde ich den Tag davor. Meine Güte, ich werde sogar nervös. Dabei kann nichts passieren. Ein Kleinbus transportiert vier junge Menschen, die die Paragliding-Ausbildung machen, und mich als Erstfliegende auf eine angenehme Höhe. Die Fluglehrer unterhalten sich äußerst erheitert über ihr gestriges Gelage samt der dazugehörigen alkoholischen Getränke. Ich frage mich, wie viel Restpromille noch vorhanden sein könnten. Nebenbei weist der Leiter der Flugschule auf die Unfälle dieses Sommers hin und ergänzt amüsiert: »Na ja, im Herbst machen wir mit dem Hubschrauber einen Rundflug und sammeln die Leichen wieder ein.« Mich erschüttert gar nichts mehr. Ich lache verlegen mit. Meine Angst ist nämlich bereits überwunden, und jetzt freue ich mich nur noch auf die Bodenlosigkeit unter meinen Füßen. Nur die Unsportlichkeit befremdet mich bei dieser Risikosportart – jeder könnte problemlos ohne Anstrengung einen Tandemflug buchen, da man sich dazu kaum bewegen muss. Mein Flugpartner betont mehrfach, wie froh er um mich Leichtgewicht sei. Nicht ohne Stolz auf seinen eigenen drahtigen Körperbau, höchstens einen Kopf größer als ich. »Wenn ich mit über hundert Kilo wiegenden Menschen fliegen muss, habe selbst ich Angst, dass etwas passiert.« Nun unterschreibe ich eine Liste mit allen möglichen Gefahren. Danach beteilige ich mich unter fachkundiger Anleitung am Auseinanderfalten des riesigen Schirms. »Perfekt ist heute alles, perfekt! Das Wetter, die Höhe, der Abflugplatz. Du hast Glück!«, versichert mir mein Partner. Er habe noch seine Spezialkamera dabei, mit der er mich als Erinnerung während des Fluges fotografieren könne, nur fünfzehn Euro Aufpreis. So was mache man nicht oder nur selten wieder. Also gut. Warum nicht? Bevor wir losfliegen, laufen wir gemeinsam an, bis wir keinen Boden mehr unter den Füßen spüren. Dann lehnen wir uns flink zurück in den Sitz. Das läuft wie am Schnürchen. »Sehr gut gemacht«, lobt mich der Experte so oft, dass ich mir seltsam vorkomme. Das war doch ein Kinderspiel!

Schwerelos fliegen, mitten in einer traumhaften Bergkulisse unter strahlendem Sonnenschein, im wolkenlos blauen Himmel – Wahnsinn! Ja, das macht Spaß, allem enthoben sein mit sehr intensiven, allerdings nur kurzen Ausschüttungen von Glückshormonen. »Cheese! Cheese! Das ist meine Spezialkamera. Siehst du?« Der Lehrer will ein gutes Bild machen. Auf einmal werden die Häuser in Sekundenschnelle größer und größer. Meine Güte, mir wird so was von übel! Wir verlieren zunehmend an Höhe und landen weich, indem wir bereits in der Luft mit dem Laufen beginnen. Ist mir schwindelig! Am

Rand des Landeplatzes stehen schon etliche neue Fluggäste. »Hier dein Chip mit den Fotos. Würde mich freuen, wenn du sie auf Facebook stellst, damit ich sie sehen kann. Hier ist meine Karte. Tschüss.« Ehe ich mich versehe, stehe ich wieder auf der Erde. Der Genuss war extrem kurz. Ab jetzt doch lieber beim Bergwandern bleiben?! Stolz bin ich und mir ist immer noch übel. Als ich zu Hause die Fotodatei öffne, amüsiere ich mich nicht schlecht: Auf den Bildern bin ich durch den riesigen Helm nahezu unerkennbar. Der Fluglehrer dagegen erstrahlt in voller Größe seiner kleinen Statur.

Die Urlaubsoase erfüllt ihren Zweck. Das ist ein Geschenk, ermöglicht durch engagierte Omas und Opas! Wie aber überleben wir den ganz normalen Alltagswahnsinn? Ein- bis zweimal pro Woche haben wir unseren Ehe-Abend, Zeit für Zweisamkeit. Oft sind wir nur müde, hängen erschöpft auf dem Sofa und schauen Krimis. In aller Romantik schlafe ich ein. Pünktlich zur Tatort-Melodie erwache ich. »Nein, ich habe nicht geschlafen. Wie ist es ausgegangen?« Mein Mann grinst nur: »Ja, ja, wie immer!« Bei höherem Energielevel schaffen wir es immerhin zum Scrabble spielen. Das ist entspannend. Kommunikation? Gelungen, wie bei den Murmeltieren, würde ich meinen. Wenn wir nicht erschlagen sind, gibt es viel zu erzählen. Gegensätzlich, wie wir sind, trauern wir auch unterschiedlich. Während ich meinen Emotionen freien Lauf lasse, um mir Luft zu verschaffen, verschwindet mein Liebster im Büro und macht die Tür hinter sich zu. Über zwanzig Jahre kennen wir uns. »Du kannst doch nicht tun, als sei nichts, und einfach weiterleben!« Nein, auch wenn es mir manchmal so vorkommt, das ist nicht richtig. Dirk hat sein Mountainbike und seine Skier. Viele Männer toben sich sportlich aus und finden in körperlicher Anstrengung die erwünschte Müdigkeit und ihren Frieden. Ich werde das nie verstehen oder nur ansatzweise. Eine Freundin, die sich mit Trauer auskennt, ermutigt uns, einander stehen zu lassen und in dieser Unterschiedlichkeit zu akzeptieren. Wenn ich es allein nicht aushalte, ist Dirk für mich da. Auch ihm liegt es am Herzen, dass wir gemeinsam statt einsam trauern. Deshalb hat er das erste Trauerbuch für Paare, die ein Kind verloren haben, bestellt. Typisch Mann, denke ich, wieder alles über den Verstand regeln. Können wir nicht zusammen heulen? Jeder genehmigt sich, so gut es die Umstände zulassen, was er braucht. Jeder hat seinen Raum. Wann wir das Buch lesen, weiß ich nicht. Innerlich sehe ich mich schon wieder auf dem Sofa einschlafen. Trotzdem freue ich mich darauf. Die Impulse werden sicherlich eine gute Basis für Gespräche bieten. Wenn ich ab und zu einen Einblick in das mir rätselhafte männliche Innenleben erhalte, fällt es mir leichter, die Notwendigkeit des Fahrradfahrens oder Bürotürschließens nachzuvollziehen. Wie muss es sein, nahezu wöchentlich einen Menschen in dem Bewusstsein zu beerdigen, dass eines Tages das eigene Kind im Grab liegt? Still und leise bewegt sich viel in uns. Temperamentvoll und laut sucht meine Trauer immer wieder Ausdrucksmöglichkeiten. Wir sind auf einem schweren Weg. Uns gibt es noch als Paar. Ich harre nicht nur auf Gott. Dirk verankert sich nicht nur in seinen sportlichen oder theologisch-intellektuellen Höhenflügen. Wir haben auch einander. Ich suche Beruhigung und Geborgenheit in seiner Nähe. Er findet Liebe und Kraft in meinen Armen.

Mittlerweile muss unser soziales Netz dichter gestrickt sein als zuvor. Jonathan geht es schneller schlechter, als uns Kraft zur Verfügung steht. Deshalb lassen wir ihn alle acht Wochen für einige Tage fremdbetreuen. Der Kurzzeitpflegesatz und die ergänzenden Pflegedienstleistungen, die wir in Anspruch nehmen dürfen, reichen für ungefähr fünfundzwanzig Tage im Jahr. Oasen zum Auftanken als Paar, als dreiköpfige Familie, als Vater-Tochter-Abenteuer und Mutter-Tochter-Fest.

Manchmal gibt es sogar Tage oder Wochen, die wir als Oase erleben, weil Gott unsere Füße nach Durststrecken auf weiten Raum stellt. Die himmlische Freude bricht sich Bahn.

Wir verlieren uns in allen Herausforderungen und finden uns unverhofft wieder. *Carpe diem*! Pflücke den Tag! Jenseits des Sterbens und der Vergänglichkeit wird uns die Gnade zuteil, nur im Augenblick zu leben und in vollen Zügen zu genießen. Schön, dass Jonathan noch da ist. Selbst Leichtigkeit wie über den Wolken lässt sich spüren. Wie durch ein Wunder sind wir alle geläutert und erneuert, gewachsen und stärker geworden. Wie durch ein Wunder haben unsere Seelenmuskeln Kraft zum Bäumeausreißen. Nein, das ist nicht die Regel. Dermaßen heilig sind wir nicht. Aber wir verwurzeln uns mehr und mehr in Gottes Verheißungen, unabhängig davon, wie es uns geht. Die ewige Herrlichkeit wie einen Automatismus abrufen, das wäre bereits wie im Himmel. Vielleicht betet der Psalmist aus diesem Grund nicht: Ich stelle mich selbst auf weiten Raum, sondern: *Meine Hilfe kommt vom Herrn, der Himmel und Erde gemacht hat.*[27]

1 IMPROVISATION(STHEATER)

»Mach doch mal einen Impro-Kurs! Das passt zu dir! Du wirst sehen, da gibt es viel zu lachen«, empfiehlt mir eine Freundin. An einem einzigen Abend alle Rollen einnehmen können, die ich schon immer spielen wollte, vom Waschweib zur Zeit der Französischen Revolution über den Polizisten und die Opernsängerin zur First Lady Englands? – Ausgesprochen reizvoll! In einem kleinen Atelier bietet eine professionelle Improvisationstheatergruppe Workshops für Interessierte an. Unsere Gruppe besteht aus einer bunten Mischung verschiedenster Leute. Der jüngste Schauspieler wurde gerade fünfzehn Jahre alt. Sascha, der Leiter des Abends, sprudelt vor Freude und Begeisterung geradezu über. »Schön, dass du den Weg zu uns gefunden hast! Ist das dein erster Kurs? Wie bist du auf uns aufmerksam geworden? Wir werden richtig Spaß haben!«

Bald bilden wir einen Kreis und werfen uns zunächst einen kleinen Ball zu, um unsere Namen zu lernen. In Kürze werden es drei oder vier Bälle, die mit Lieblingsfarben, Tätigkeiten und Traumländern versehen durch die Luft fliegen. Unsere Reaktionsfähigkeit kommt an ihre Grenzen. Gleichzeitig bringt uns bereits die Aufwärmphase zum Lachen. Monika hat Mühe mit der Geschwindigkeit. Schon stauen sich alle Bälle, die sie hätte weiterwerfen sollen, zu ihren Füßen. Etwas frustriert starrt sie in die Runde und seufzt. »Meine Güte, bin ich alt, oder wie?« »Auf der Bühne wirst du der Liebling des Publikums sein! Das ist ein Prinzip. Die Zuschauer identifizieren sich mit dem Schwächsten, dem augenscheinlichen Versager. Wer nicht perfekt ist, gewinnt die Sympathien«, erklärt Bernd, ein netter Schweizer. Monika grinst. Humor ist, wenn man trotzdem lacht. Je näher sich der erste Kurs dem Ende neigt, desto mehr staune ich, wie sich beim gemeinsamen Schauspielen die Schwächen und Stärken des Teams ergänzen, befruchten und ein wahres Feuerwerk an Szenen entfalten.

Schauspiel bedeutet Einsatz mit Körper, Seele und Geist. Jeder sucht sich einen Partner, dann klopfen wir uns gegenseitig von Kopf bis Fuß ab, massieren uns, streichen den Stress aus, Intimbereiche ausgeschlossen. Wo die Anstrengungen des Tages für Erschöpfung sorgten, wird auf einmal Energie frei. Jetzt gehen wir durch den Raum, jeder in seinem Tempo. Dann fixieren wir Punkte, die wir als Ziele anvisieren. Dabei achtet jeder auf den anderen, damit es keine Unfälle gibt. Bewegung und *Freeze,* Einfrieren. Jeder steht spontan still. Bei sich sein und die Gruppe wahrnehmen. Sich auf unterschiedlichste Weisen begrüßen und wieder seiner Wege gehen. Wir tanzen zu Musik, als Rapper, als Rockstar, als Folkloretänzer. Wir stehen im Kreis und geben Impulse weiter, indem wir zum linken oder rechten Nachbarn hin in die Hände klatschen, die Richtungen wechseln, bei dem Ruf »Freak out« kreischend, jubelnd, schreiend durch den Raum rennen, um uns in einer neuen Konstellation wiederzufinden. Wie das von außen aussehen mag? Vielleicht wie ein wahllos zusammengewürfelter Haufen entfesselter Erwachsener, die unendlich glücklich darüber sind, für einige Augenblicke nicht ernst und vernünftig sein zu müssen?

Ausgelassenheit und Echtheit sind hier oberstes Gebot. Entkrampfen, fallen lassen, nicht mehr denken. Die Ideen sind alle schon da, warten darauf, entdeckt und gespielt, erzählt und umgesetzt zu werden. Auf unserer Bühne geben jeweils drei Schauspieler spontan kleine Szenen zum Besten. Auf dem Höhepunkt der Darstellung klatscht jemand aus dem Publikum, ersetzt einen Spieler und führt die Szene mit einer neuen Idee fort. Als Anfänger haben wir nicht immer den Mut, den Faden weiterzuspinnen. Deshalb werden wir angefeuert. »Du bist nicht auf die Bühne gegangen, weil dir nichts einfiel oder du unsicher warst, ob du das spielen kannst?«, fragt Bernd. »Spring ins kalte Wasser und vertrau! In dem Moment, wo du im Rampenlicht stehst, wird alles da sein, was du brauchst!« Ich bin fasziniert! Aus dem Nichts entwickeln sich witzige, originelle Szenen, pantomimische Bilder oder sentimentale Briefwechselstorys vor unseren Augen. Das ist besser als Daily Soaps im Fernsehen. Der Impuls eines einzigen Schauspielers bewirkt inspirierende Dominoeffekte für die gesamte Gruppe!

Wo Theater gespielt wird, entsteht auch Raum für Gefühle. Jeder verschenkt und erhält ein Sprichwort. »Der frühe Vogel fängt den Wurm!«, gibt mir jemand vom Team. Super! Ich stehe tatsächlich gern früh auf. Mit seinem Satz darf sich jeder in einem Quadrat bewegen, das aus vier kleinen Emotionsquadraten besteht: Wut, Euphorie, Verzweiflung und Glück. Wild gestikulierend tobe ich den wütenden Vogel aus. Auf das Überschwänglichste wird der Wurm gefangen. »Ein Wurm, ein Wurm, ein lebendiger, halb feuchter, rötlich schimmernder, schleimig-schöner Wurm!« Das Wort früh dagegen packe ich ins Quadrat der Verzweiflung. »Nein, ich komme nicht darüber hinweg! Früh fängt der Vogel den Wurm, dieser schicksalsgepeinigte, bemitleidenswerte, in aller Frühe der Vergänglichkeit schonungslos ausgesetzte Wurm!« Dann trete ich ins Quadrat des Glücks. »Welche Freude über den siegessicheren, Erfolg versprechenden Vogel – souverän und mit Abstand am schnellsten fängt er bereits in aller Frühe diesen Wurm!« Theater spielen setzt frei! Ja, wir dürfen uns gern Situationen aus unserem eigenen Leben vorstellen, um den Zugang zur jeweiligen Empfindung herzustellen. »Denk einfach an …«, lächelt Andreas. »Die entsprechenden Ausdrucksformen finden sich fast von selbst.«

Jede Woche hat der Kurs einen anderen thematischen Fokus: Gefühle, Zeit, Raum, Status, Pantomime. Am liebsten mag ich das Improvisieren zum Themenbereich Musik. Auch hier beginnen wir im Kreis. Im Viervierteltakt marschiert ein Schauspieler vier Schritte vor und vier zurück. Dazu darf er reimen, singen, am besten beides zusammen. Jeder kommt dran. »Du denkst, du kannst nicht singen?!« fragt Bernd. »Das macht gar nichts. Dilettant und Rampensau liegen oft nur ein Haarbreit auseinander.« Wir singen uns eine lustige Geschichte zusammen, der Letzte bindet den Sack zu. Wir bekommen ein paar Gitarrenakkorde vorgelegt, einen Musikstil und ein Thema. Drei Schauspieler singen die Strophen, der vierte erfindet den Refrain. Das Publikum stimmt ein. Das wird witzig! Ich lache Tränen. Jetzt verstehe ich Keith Johnstone. Als Dozent für Schauspielkunst litt er mit seinen Schülern unter den erdrückenden dramaturgischen Regeln und den überhöhten Ansprüchen auf der Bühne: Auf alle Fälle ernst bleiben. Lachen ist verboten. Die Mimik muss bis ins letzte Detail stimmen, sonst wirkt sie nicht glaubwürdig. Wie traurig und unglücklich das gewesen sein muss, bis Keith alles auf den Kopf stellte. Freiheit wurde zum Gebot: Was dem Schauspieler guttut und ihn ausmacht, überträgt sich auf das Publikum. Ein Theaterbesuch soll erheiternd und erfüllend sein. Mister Johnstone erntete scharfe

Kritik mit seinen exzentrischen Spinnereien. Die Kunstform des Improvisationstheaters entstand.

Unglaublich, wie viel dieser Improvisationstheaterkurs mit dem wirklichen Leben zu tun hat! Nichts muss perfekt sein und trotzdem ist es gut. »Du kannst das fragwürdigste Produkt auf der Bühne verkaufen, solange du selbst der festen Überzeugung bist, dass jeder Mensch es braucht!«, erklärt Sascha. Was aber mache ich, wenn mir ein Schauspieler eine Idee anbietet, zu der mir nichts einfällt? *Make your partner happy,* lautet eine unumstößliche Regel von Keith Johnstone. Du sollst dein Bestes geben, um den Gedanken aufzunehmen und einzuflechten in das, was dir vorschwebt. Wir inszenieren nicht aus Konkurrenzdruck, sondern aus Freude am kreativen Geschehen. Mit welchem Schauspielangebot könnte ich Monika glücklich machen? Ein Gefühl, eine bestimmte Beziehungskonstellation, ein Thema oder eine einzige Geste? *Make your partner happy!* Das ist Glück, nicht nur auf der Bühne. Das ist Kunst, die nicht nur für Verheiratete gilt. Das ist Lebenskunst, und ich habe den Eindruck, ich lerne und wachse. Und manchmal wachse ich sogar über mich hinaus. Denn ich darf einen *Circle Song* anleiten. Was für eine schöne Herausforderung! Meine Kollegen bilden den Kreis um mich. Spontan werden sie in vier Gruppen geteilt. Schon fällt mir ein *Beat* ein. Den gebe ich der ersten Gruppe als Bass. Glücklich bin ich, überglücklich. Halleluja. Ich lasse die anderen drei Gruppen in unterschiedlichen Rhythmen und Melodien Halleluja singen. Dann höre ich zu, ob alles zusammenpasst. Hier und dort bedarf es kleiner Korrekturen. Die Professionellen unterstützen mich. Der vierstimmige Chorgesang beflügelt. Die Stimmen tragen, erheben mich, als wäre ich im Himmel. Das Wort trägt: Gotteslob aus Improvisationskunst! Als Abschluss setze ich meine persönliche Halleluja-Version auf den Chor. Alles schwingt und klingt. Die halbe Nacht kann ich nicht schlafen, so sehr tanzen die Glückshormone in mir.

Eine andere Disziplin des Improvisationstheaters nennt sich Dia-Vortrag. Ein Schauspieler bekommt ein vom Publikum gewähltes Thema, wie beispielsweise Walsterben im Pazifik, und einen Ort, wie etwa Fachvortrag in Oslo, internationaler Kongress von Meeresbiologen und Klimaschützern. Weitere drei bis fünf Schauspieler stellen pantomimisch die einzelnen Fotos dar. Hilfe! Wer hat schon Ahnung von Walen, geschweige denn ausreichende Kenntnisse über den heutigen Klimaschutz! *Say yes*, empfiehlt Keith Johnstone. *Say yes* zu einer Idee; auf diese Weise kann die Geschichte fortgesetzt werden, mit unerwarteten Wendungen überraschen oder urkomisch enden. »Der innere Widerstand blockiert dich, schneidet den Zugang zu deiner Kreativität ab, obwohl sie kontinuierlich weiterfließen will«, lernen wir. »Das ist sehr wertvoll!«, flüstere ich Sascha neben mir zu. Im Handumdrehen erhält das flapsige, unterhaltsame Spiel Tiefe. »Wir hatten mal eine Religionslehrerin im Kurs, die ihr Leben und ihren Unterricht nach dieser Regel gestalten wollte«, antwortet er.

Nahtlos und unvorhergesehen werde ich zurückgeworfen in mein wirkliches Leben, fernab kreativer Begeisterungsergüsse. Oh ja, Behinderung! Oh ja, bösartiger Tumor. Oh ja, neurologische Grunderkrankung! Das ist unzumutbar, außerhalb jeglichen Normbereichs, das ist verrückt. Ist verrückt normal? Während mir dieses *Say yes* im künstlerisch-spielerischen Bereich pures Vergnügen bereitet, scheitere ich im Alltag unablässig an diesem Meilenstein: annehmen, Ja sagen. Als könne man sein Schicksal schlucken wie eine etwas zu groß geratene Tablette! Als könne man nachspülen mit Wasser, zur Not nachwürgen mit einem Stück Brot wie bei den Fischgräten. Nein, so ist es nicht. Darf Widerstand sein? Darf mein Widerstand sein? Muss das jetzt überhaupt alles sein? Nein, ein Ja ist es noch nicht. Noch nicht? Mit der Betonung auf dem Noch? Oder anders betrachtet: So ist es schon! Es ist schon so, dass ich Theater spielen und lachen will. Es ist schon so, dass ich zum Ja und zu der Schönheit des Lebens zurückfinden will über die Kunst.

Die *Say Yes*-Erfahrung aus dem Theaterkurs stellt einen Mosaikstein auf meinem Weg der Bewältigung dar. Ich erinnere mich immer wieder daran und festige dabei meine Entscheidung: Grundsätzlich habe ich Gott mein Ja gegeben und dieses Ja bleibt. In den Herausforderungen ringe ich um das Ja. Wenn ich zu müde bin, nähere ich mich an das Ja an. Ich nähre mich an der Kreativität, um mich an das Unbegreifliche annähern zu können. Ich versuche, mir auf verschiedene Arten künstlerisch Ausdruck zu verleihen, um es eines Tages uneingeschränkt, aus tiefem Herzen sagen zu können: »Yes!«

In Wahrheit ist das ganze Leben eine einzige Improvisation, oder?!

32 SOZIALSTAAT

Harte Zeiten. Jonathan ist die sechste Woche krank und ich drehe am Rad! Wenn er wenigstens schlafen könnte und Ruhe geben würde, aber nein, alle fünf bis zehn Minuten: »Maaaaama! Maaaaama!«, von morgens bis abends. Zuerst eine Woche Magen-Darm, dann zwei Tage Schule, dann Streptokokken mit zehn Tagen Antibiotika, dann zwei, drei Tage Schule, zurück mit Nasennebenhöhlenentzündung. Eine Woche wenden wir alle möglichen Hausmittel an – vergeblich. Das Fieber lässt nicht nach. Gott sei Dank kommt der Kinderarzt zu uns nach Hause! Seine Praxis befindet sich im ersten Stock in einem Haus ohne Aufzug. Angesichts der langen Krankheitsphase ist auch er überfragt und ruft die Immunspezialisten an. Wir müssen in den sauren Apfel beißen und weitere vier Wochen Antibiotika geben. Bei Kindern mit Immundefiziten scheinen lange oder hohe Antibiotikagaben nicht ungewöhnlich zu sein. Jonathan hatte unmittelbar nach der Chemotherapie nur zwei

Infektionen. Sollten wir damals Glück oder Gnade gehabt haben?

Kranke Kinder und insbesondere Jonathan, der wenig allein tun kann, wollen unterhalten werden. Krank sein ist auf Dauer langweilig. Freunde, Nachbarn und Glaubensgeschwister unterstützen mich tatkräftig. Meine französische Freundin Danièle stellt mit ihrem Riesen-Dinosaurier-Puzzle unsere ganzen Spielsachen in den Schatten! Dinosaurier? Jonathan strahlt. Außerdem wird gebastelt. Danièle, selbst Mutter von vier Kindern, die bereits aus dem Haus sind, besitzt nämlich auch Dinosaurier-Stempel! Viele bunte Moosgummi-Dinosaurier entstehen und können mit kleinen Klebestreifen überall befestigt werden. Jonathan ist selig. Wieso sie das alles für uns macht, frage ich mich und sie. Aus der Kirche ist die Familie schon lange ausgetreten. Sie sei so erzogen worden. Ein katholischer Priester habe ihr als junges Mädchen gesagt, sie habe ein Herz aus Gold. Wahrhaftig, das hat sie. Nachmittags nimmt sie Matthea zum Ausgleich auf den Spaziergang mit ihrem Hund mit. Ich bin dankbar und entlastet.

Den Haushalt und die Wäscheberge gibt es aber auch noch. Nach drei Wochen bin ich geschlaucht, nach vier fertig, danach nur noch erschöpft. Fragen plagen: Wann und wie wird das besser? Welcher medizinische Weg ist der richtige? Wenn er jetzt schon so schwach ist, wie wird das in ein paar Monaten oder Jahren? Wie überlebe ich den Winter und überhaupt? In der sechsten Woche stecke ich mich an und schnupfe mit. Panik kommt auf. Wer kümmert sich um alles? Ich darf nicht krank sein! Die privaten Kassen bezahlen nur eine Haushaltshilfe, wenn ich sechs bis acht Wochen im Krankenhaus liege. Als ich nach drei Tagen wieder fit bin, fällt mir ein Stein der Erleichterung vom Herzen! Aber Jonathan will jetzt keine Stickbilder mehr machen, keine Perlenketten fädeln und schon gar nicht puzzeln, weil seine Hände vom Tremor viel zu stark zittern. Die Tage werden extrem lang. Wie beschäftige ich ihn? Fernsehen mag er nicht. Ich bin schon froh, wenn er eine halbe Stunde vor der Flimmerkiste still bleibt. Zum CD-Hören fehlt ihm die Konzentrationsfähigkeit. Selbst vor der Chemotherapie war er nicht in der Lage gewesen, einfache Geschichten nachzuerzählen. Kranksein ist langweilig. Kranksein ist anstrengend! Ich habe Verständnis für ihn, er hält tapfer durch, beklagt sich kaum. Aber fünfteilen kann ich mich auch nicht.

Meine Freundinnen legen mir ans Herz, mir Entlastung zu suchen. Irgendwann ist auch mein Akku leer. Mir wird empfohlen, mich mit einem ambulanten Kinderkrankenpflegedienst in Verbindung zu setzen. Wenige Tage später besucht uns der Leiter der Station zu Hause und bespricht das weitere Vorgehen. Er ist sehr nett und verständnisvoll. Ob unsere Krankenkasse das bezahlt? Wir müssen es versuchen. Bis ein solcher Antrag durch ist, vergehen Wochen und Monate.

Jetzt ist der Zeitpunkt gekommen, wo ich darüber nachdenke, einen Teil des Pflegegeldes in eine Kombination aus Geld- und Sachleistung umzuwandeln. Die Leiterin der Sozialstation kenne ich bereits von unseren Gesprächen zur Qualitätssicherung der Pflege. Lasse ich mein schwerbehindertes Kind verlottern oder kümmere ich mich angemessen darum? So erschreckend das klingt, offensichtlich besteht die Notwendigkeit, pflegerische Tätigkeiten zu kontrollieren. Was hinter den Kulissen gewährleistet wird und was nicht, lässt sich nicht wirklich feststellen. Noch ist Jonathan Pflegestufe zwei. Das bedeutet für mich, dass ich eine Hauswirtschafterin mit Zusatzfortbildungen in der Pflege in Anspruch nehmen könnte. Die gesamten Sachleistungen beliefen sich inklusive Anfahrtskosten auf knapp eine Stunde Hilfe pro Tag – ein Tropfen auf den heißen Stein! Oder suche ich doch lieber jemanden unter der Hand? Selbst damit lassen sich keine großen Sprünge machen.

Der medizinische Dienst muss kommen und Jonathan neu einstufen. Vielleicht ist er mittlerweile wieder Pflegestufe drei wie nach der Chemotherapie? Seit mehreren Jahren nehmen wir bereits Verhinderungspflege in Anspruch. Dabei handelt es sich um ein Jahresbudget, das wir nach Belieben einsetzen können, wenn ich – aus welchen Gründen auch immer – ausfalle. Die drei bis vier Stunden pro Woche nutze ich, um in Ruhe zu putzen oder einmal im Monat mit Dirk auszugehen. Das Geld für eventuelle Krankheitsphasen aufzusparen, wäre wenig sinnvoll. Schließlich wollen wir es ausschöpfen! Und wer ist so flexibel und kann ab sofort zwei bis drei Stunden pro Tag bei uns vorbeikommen? Ich bin erschüttert über die Enge, in der ich mich gezwungenermaßen befinde, sobald mit Jonathan über einen größeren Zeitraum etwas vorfällt. Wir haben ein tolles soziales Netz, aber das kann leider nicht alles auffangen, schon gar nicht fünf bis sechs Wochen!

Ich weiß von Familien mit behinderten Kindern, die alle drei Jahre zur Kur fahren. In der Zwischenzeit hangeln sie sich irgendwie durch. Von solchen Erholungskuren halte ich seit unserer Familienrehabilitation nach Jonathans Tumorerkrankung überhaupt nichts mehr. Sicherlich gibt es Mütter, die das als willkommene Auszeit und Stärkung erleben. Drei oder vier Wochen weg von zu Hause, möglicherweise ohne Kinder?! Ich würde die Wände hochgehen! Denn dort gibt es kein Piano und keine Orgel. Ich hätte nie Ruhe zum Singen, und der Musikunterricht wäre sowieso gestrichen. Nein, lieber wöchentlich ein bisschen Unterstützung, wie ich sie brauche: Im Alltag freier und flexibler sein dürfen, wenn mir danach ist.

In den Herbstferien verbringt Jonathan fünf Tage bei meinen Eltern, damit ich auftanken kann. Ich genieße die Frauenzeit mit Matthea sehr. Mit Bilderbüchern, bei Kerzen und Tee machen wir es uns richtig gemütlich. Die kirchenmusikalische Fortbildung, auf die ich mich gefreut hatte, fällt unter den Tisch. Dazu fehlt mir die Kraft.

Nachtrag: Eine kreative Erholungszeit für künstlerisch interessierte Mütter wäre super. Natürlich gesponsert von Vater Staat. Haben Sie sonst noch Wünsche?

33 ICH BIN MEIN EIGENER STAR

Ich weine, weine und weine. Vier Tage lang. Denn ich werde mein Himmelsgeschenk Jonathan in die Ewigkeit zurücklieben. Ich weine und ich falle. Ich muss die Reißleine ziehen. Wie bei einem richtigen Fallschirm. So stelle ich mir das Fallen schön vor: federleicht schwebend, eine atemberaubende Berglandschaft unter mir, sanfte Landung. Die Wirklichkeit ist kein Paragliding. Ich verfasse eine Löffelliste »to go« für die Handtasche.

- Ein Lieblingsgericht kochen.
- Mit einer Freundin im Wald spazieren gehen und ihr mein Leid klagen.
- Mir in mütterlicher Fürsorge Unmengen von Tee kochen lassen.

Ich lasse mich in meiner Lieblingsbuchhandlung von einer Postkarte finden, die ich kaufen muss. Das Schwarz-Weiß-Bild zeigt einen Einradfahrer, der im Schneegestöber über das Kopfsteinpflaster einer belebten Straße balanciert. In einer Hand hält er den Schirm und in der anderen einen Pott Kaffee. Ungeheuerlich! Genauso fühlt sich mein Leben an!!! Hält er das Gleichgewicht? Ohne Kaffee frieren ihm die Finger ab, ohne Schirm wird er bis auf die Haut durchnässt. Diese Karte schicke ich Ala. Ich schreibe einen Herzenswunsch darauf. Genauso wie die krebskranken Kinder in der Klinik, die von einem wunderbaren Verein namens *Herzenswunsch e. V.* ihre kleinen kostbaren Träume erfüllt bekommen: Einen Tag Europapark mit der ganzen Familie. Einmal im Cockpit eines Flugzeugs sitzen und mitfliegen. Einen namhaften Musiker hinter der Bühne kennenlernen. »Ala, darf ich für ein paar Minuten vorbeikommen, und du singst *Ich bin mein eigener Star* – nur für mich? Bei mir darf man immer Nein sagen, ich bin auch ein Schmetterling.« Keine achtundvierzig Stunden später erhalte ich ihre Einladung per Mail: »Du bist dein eigener Star!« Eigentlich mag sie Postkarten auch lieber, uneigentlich ist virtuelle Post schneller. In weniger als einer Woche sehen wir uns wieder.

Auf dem Weg zu ihr schneit es ebenfalls – wie auf der Postkarte. Ich sitze allerdings nicht auf dem Einrad, sondern bequem in unserem beheizten roten Bus. Sie hat bereits Glückstee für uns gekocht, und heute bekomme ich die schönste Tasse. Sie trägt wieder die lustige warme Tigerjacke über den normalen Klamotten, weil es draußen kälter geworden ist. Sind die weißen, gigantisch wirkenden Kunstfell-Boots-Hausschuhe neu? Fast alles ist wie damals. In mir erwachen schöne Erinnerungen. »Gehen wir gleich ins Atelier.« Dort herrscht ein kreatives Kunterbunt, mittendrin steht der schwarze Steinway-Flügel. »Hier bin ich wieder! Als Veränderte und Sich-noch-mehr-Verändernde«, denke ich. Nun flattere ich für eine Sternstunde vorbei.

Sie erzählt mir ihr *What happened?* der vergangenen beiden Jahre. Ich falle gleich mit dem, was mich beschäftigt, ins Haus. Wie kann ich mich auf eines konzentrieren? Am liebsten würde ich nur singen, nur Orgel spielen, nur schreiben. Aber wenn ich nur singe und nicht schreibe, verliere ich den Boden unter den Füßen. Wenn ich nur schreibe und nicht Klavier spiele, kribbelt es in allen Fingern. Wenn ich schreibe und Orgel spiele, aber nicht singe, fühle ich mich wie amputiert. Sie lächelt liebevoll über meine ungeduldig-geschäftige Leidenschaftlichkeit. Als »alter Hase« versteht sie meine Gefühle. Ach, damals, als sie Mitte dreißig war und auf diversen Bühnen stand! Da war noch viel Leistung und Druck, wo Genuss am freien Schaffen hätte sein können. Jetzt, zwanzig Jahre älter als ich, hat sie die Gelassenheit, über den Dingen zu stehen. Doch ich will nicht zwanzig Jahre warten! Mit einem gespielt verträumten Blick in ihren verschneiten Garten erklärt sie mir einmal mehr, wie alle Pflanzen Zeit zum Wachsen brauchen und sich nicht mit Gewalt herauszerren lassen. »Du rennst wie wild mit der Gießkanne herum.« Sehen sie dadurch schöner aus, meine Blumen? Selbst der kleine Stock, um den sie sich versehentlich nicht gekümmert hat, blüht neu auf. Die Talente bleiben da. Sie sorgen für sich, selbst wenn ich das nicht fortwährend tun kann. Ich habe wieder dieses unbeschreibliche Glücksgefühl. Ich will durch meinen Garten gehen und mich staunend über alles freuen, was gedeihen darf und wird, voller Vertrauen!

Möchte ich zum Sitzen den etwas pompösen roten Sessel oder lieber den handlichen Klappstuhl aus Holz? Wo will ich mich niederlassen? Das persönlich und exklusiv mir gewidmete Wunschkonzert beginnt. *La chanson française* – ich war die Französischlehrerin ihrer jüngsten Tochter und lache mich kaputt über die irrwitzige Aneinanderreihung entlehnter Wörter, die keinen Sinn ergeben, von *Petite Raclette*, *Fondue perdue* über *Fuck Chirac* bis zu *bonheur à la carte*. Zugegeben, Ala ist wirklich crazy, ver-rückt in einem äußerst positiven Sinn. Am meisten liebe ich an ihr, dass sie in absolut kein Schema passt und dabei radikal sich selbst treu bleibt. Die Presse schwärmt zu Recht von ihren eigensinnigen Songs – in ihrer Welt lässt sich hinter allem ein tiefer, eigener oder eben überraschend anderer Sinn entdecken. »Eigentlich geht es immer um dasselbe: heraus aus den absurden Zwängen unseres Alltags«, findet sie. In Wirklichkeit tragen Sinnlichkeit und Leidenschaftlichkeit zu einem glücklichen Leben bei. Diese Themen hat Ala auf ihre unwiderstehliche Art in Texte und Töne gepackt! Sie spielt auf ihrem Steinway und singt mir von den Träumen, die leben wollen und können. Manchmal muss man dazu zwar eine heilige Kuh schlachten oder von vorn anfangen. Aber was soll's? Ich habe Tränen der Freude und des Glücks in den Augen.

Last but not least singt sie mein Wunschlied, eine Persiflage auf alle berühmten Sternchen. Die »Großen« werden darin in lächerlicher Menschlichkeit dargestellt, um zu der Wahrheit durchzubrechen: *Ich bin mein eigener Star. Ich fühl mich wunderbar. Ich bin mein eigener Star. Jemand wie ich ist rar. Ich habe doppelt viel Wut und flenn genauso gut.*

34 HELDIN DES ALLTAGS

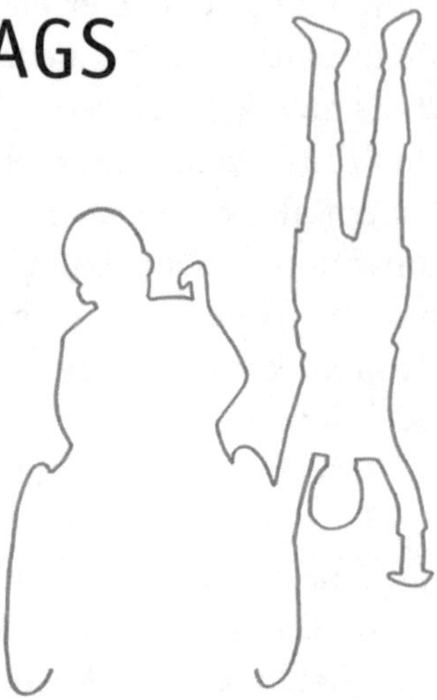

In einer nahe gelegenen evangelischen Kirchengemeinde gibt es regelmäßig *Lichtblick*-Abende von und für Frauen. Das Thema *Heldin des Alltags* interessiert mich sehr. Ich kenne die Referentin Klarissa, denn auch sie pflegt ihr behindertes Kind. Was macht eine Heldin in Gottes Augen aus? Gehöre ich dazu oder ist diese Bewertung zu hoch gegriffen?

Als ich mit einer Freundin im großen Gemeindesaal eintreffe, kommt Klarissa sofort auf mich zu.

»Wie schön, dich zu sehen! Komm doch einmal bei mir zum Frühstücken vorbei!« Gut sieht sie aus, richtig sexy in ihrem dunklen Jersey-Kleid. Was sie durchgemacht hat, merkt man ihr nicht an. Ich freue mich über ihre Offenheit und Herzlichkeit.

»Jetzt will ich dein Rezept fürs Leben erfahren, mir fehlt manchmal das Konzept!«, fordere ich ehrlich. »Oh je! Was für ein Anspruch! Damit kann ich nicht dienen!« Wie unbedacht von mir! Wie bescheiden, anzunehmen, es gäbe für alles eine Lösung, man müsse sie nur finden!

Allein aus der Gnade Gottes stehe sie hier, schickt Klarissa ihrem Vortrag voraus. Dann legt sie los mit ihrer Geschichte. Mit jedem Wort spricht sie mir zutiefst aus dem Herzen: Wie ihr fünftes Kind schwerbehindert zur Welt kommt und die Familie unzählige Male damit rechnen muss, dass es stirbt. Wie sie nächtelang nicht schlafen können, weil es alle paar Minuten aufwacht und schreit. Wie sie von Klinik zu Klinik wandern, um entsprechende Spezialisten aufzusuchen. Wie sie bei einem mehrwöchigen Klinikaufenthalt miterlebt, dass ein kleines Kind dem Kampf gegen seine Erkrankung erliegt. Wie sie an vielen Tagen nur noch schreien kann, nicht mehr beten. Welche Herausforderungen das für eine Ehe bedeutet! Wie schwer die Geschwister davon in Mitleidenschaft gezogen sind. Wie einer ihrer Söhne beklagt, der kleine Bruder habe ihm die Kindheit geraubt. »Und wo ist Gott in alledem? Warum lässt ein liebender Vater das zu? Warum tut er ausgerechnet mir das an?«

Wenn ich von außen sehe, was dieses Leiden aus einer bildhübschen, selbstbewussten Frau gemacht hat, bin ich sprachlos und gerührt. Über sich hinausgewachsen ist sie! Das ist der helle Wahnsinn! »Ich habe gelernt, Hader und Klage als Freunde zu betrachten. Ich wollte es immer allein schaffen, immer allein stark sein. Ich sagte mir, du arbeitest einfach ganz viel und dann wird das schon. Aber selbst wenn ich Tag und Nacht geschuftet hätte – das Pensum wäre nie zu bewältigen gewesen. Gott sei Dank kamen immer wieder Geschwister aus der Gemeinde und packten mit an. Das Essen wurde vorbeigebracht, die Wäsche zusammengelegt. Mit über vierzig stellte ich fest, dass ich nichts aus mir selbst tun muss oder tun kann. Erst als ich restlos überfordert war, bat ich Gott, der Herr über mein Leben zu sein. Erst am Ende meiner Kräfte legte ich Gott alles hin und vertraute ihm. Wenn ich das überlebe, dann verdanke ich es allein Gottes Hilfe. Stolz, der Glaube an die eigenen Machbarkeiten, die Lüge, unabhängig von Gott auch nur einen einzigen Schritt tun zu können, schmelzen in Extremen dahin. Ich bin dem Höchsten absolut ausgeliefert. Dabei habe ich die Entdeckung gemacht: Das ist das Beste, was mir passieren kann. Gott mutet mir das zu, um mich zu verändern. Wer kennt sie nicht, die Geschichte des Sandkorns in der Muschel, in der unter Schmerzen eine kostbare Perle entsteht? Irgendwann war ich so schwach, dass ich aufhörte zu kämpfen. Ich legte die Waffen nieder und kapitulierte vor Gott. Das war der Anfang eines neuen Lebens, wo es nicht mehr um mich, sondern nur noch um Gott und seine liebende Gegenwart geht. ›Schön, dass du dich nicht mehr unnötig und sinnlos aufreibst, sondern dich auf mich verlässt!‹ Gott hieß mich in seinen Armen willkommen. Ich ließ mich wie ein kleines Kind durchströmen von einem übernatürlichen Frieden, größer als alle Vernunft. Gott war mit mir tausendfach barmherziger als ich selbst. Das harte Herz in mir und gegen mich wurde zu einem weichen Herzen, das liebt und vertraut.«

Nicht Geld, Prestige, Karriere, Ansehen machen die wahren Helden aus, sondern Menschen, die sich von ganzem Herzen in den widrigsten Umständen auf ihren Gott verlassen und ihm vollkommen vertrauen. So wie David, der auf diese Weise Goliath besiegte. Wie er will auch Klarissa vertrauen. Sie lässt sich von niemandem und nichts mehr davon abbringen, dass Gott es gut mit ihr meint, auch nicht von ihren Gefühlen. Gesundheitlich gibt es viele Rückschläge, und das Ende des Leidensweges mit ihrem Sohn ist nicht in Sicht. »Aber ich stelle mich auf die Verheißung Gottes, dass mir alles zum Besten dienen muss! Gott mutet mir das zu, weil er es mir zutraut. Zugleich rüstet er mich für meine Aufgaben aus, wohl wissend, dass ich sie nur aus der Kraft des Kreuzes ausführen kann und soll. In dieser Einstellung liegt unendliche Freiheit!«

Was für ein Zeugnis! »Und dann gibt es noch die Tage, in denen ich selbst weder glaube noch lebe, was ich anderen predige, in denen ich selbst nur am Ringen bin um jedes Quäntchen Mut und Zuversicht.« Gestern noch Glaubensvorbild, heute zusammengeschrumpft und elend. Die Ehrlichkeit der Rednerin beeindruckt die Zuhörerinnen. Auch sie hat die Hoffnung nicht gebunkert. Eigentlich kann es sie nach alldem, was sie hinter sich hat, gar nicht mehr geben. Deshalb sagt sie sich: »Was auch immer passiert, du bist und bleibst Gottes tapfere Heldin! Schön, dass es dich immer noch gibt!«

An diesem Abend feiert ein Dutzend Frauen ihren Abschied von einem Heldentum, das sie geknebelt, unter Druck gesetzt und entmutigt hat. Wie befreiend – wenn auch nicht für immer, aber immer öfter –, nicht mehr sein oder vorweisen zu müssen, was ich nicht bin! Wie erleichternd, mit dem Unglauben, dem Groll und den Fragen nicht allein bleiben zu müssen! Wie aufrichtend, mit der Bitte um Vertrauen neu in die Fußstapfen der Gottesheldin treten zu dürfen! »Ich lasse mein Leben nicht von der Gesellschaft, von anderen Menschen oder von Trends bewerten, sondern von Gott. Ein Leben zu führen, das in Gottes Augen wertvoll, sinnvoll und gut ist, bleibt der einzig gültige Maßstab für mich, egal wie das nach außen aussieht! Das Leben meines schwerbehinderten Kindes mag für viele nichts wert sein, meine tägliche Arbeit, die Versorgung der Kinder und die Pflege ebenso wenig. Aber für Gott ist es Gold, was ich mache. Er freut sich darüber, dass ich ihm folge. Und schließlich lerne ich dadurch, was ich wirklich brauche. Mein Sohn ist auf diese Welt gekommen, um zu sein und geliebt zu werden. Er hat nichts oder nicht viel zu bieten. Auf diese Weise erfahre ich, wie wertvoll ich für Gott bin. Auch ich darf bei Gott sein und mich bedingungslos lieben lassen. Mehr bedarf es nicht.«

Was für eine Revolution wäre das, wenn es nicht in erster Linie um unsere Leistung ginge, sondern um unsere Bereitschaft zur Nachfolge und Hingabe! Was für eine Revolution wäre das, wenn am Abend eines jeden Lebens nicht danach gefragt werden würde, was jemand vollbracht hat, sondern ob die Liebe das Höchste gewesen ist! Schwach sein ist heldenhaft, sobald sich ein Mensch darin Gott zuwendet und aufhört, sich um sich selbst zu drehen.

Nun ist der Zeitpunkt gekommen, an dem die Heldinnen Gottes in ihren Alltag voller Herausforderungen zurückkehren müssen. Klarissa muss sich darum kümmern, dass ihr Sohn lernt, ohne Sonde zu essen. Jonathan benötigt neue Beinorthesen. Ich will meine Kämpfe aufgeben und auf Jesus sehen, wenn mich das Gefühl überkommt, dass ich es nicht schaffe. »Susanne, eines noch, die Erschöpfung gehört dazu. Die Erschöpfung gehört einfach dazu. Was glaubst du, wie oft ich abends auf dem Sofa einschlafe, weil ich nicht mehr kann!«, gibt mir Klarissa mit auf den Weg. »Aber du hast fünf Kinder, ich nur zwei. Ich habe es sicher nicht so heftig wie du!«, vernehme ich in mir. Doch was spielt das für eine Rolle, wer es einfacher, besser oder angenehmer hat? Gott nimmt mich an die Hand und geht mit. Darauf kommt es an.

Zum gemeinsam Frühstücken kommen wir seit Jahren nicht, obwohl wir nur wenige Kilometer voneinander entfernt wohnen. Doch ich rufe sie ab und zu an. Allein von einem Menschen zu hören, dass es bescheiden ist und dass sich das jetzt so anfühlen darf, bedeutet Balsam für meine Seele. Sie weiß, wovon ich spreche. Einmal mehr bin ich dankbar dafür, dass ich im richtigen Moment dieser fantastischen Frau begegnet bin. *Heldin des Alltags* – als Geschenk bekommt jede Frau einen violetten Schlüsselanhänger mit dieser Aufschrift. Der liegt seitdem im Regal meiner Kreativ-Ecke als Erinnerung!

5 FINSTERNIS

»Bestmöglich denken«, sagte mein Lieblingsarzt der Kinderkrebsstation zu mir, als es um die Frage ging, ob Jonathan den Tumor überlebt. Ja, man kann etwas bestmöglich tun im Bewusstsein all seiner Grenzen und menschlichen Unmöglichkeiten. Während der Chemotherapie wurde Jonathan zwei Mal vom sympathischen Kinder- und Jugendtherapeuten der Klinik besucht. Sofort traf der Psychologe Jonathans Geschmack. Sie spielten gemeinsam Dart und unterhielten sich ungezwungen dabei. Jonathan war begeistert und bekam auf diese Weise einiges an Wut los. »Sein eigenes Kind zu verlieren – wie überlebt eine Mutter das?«, fragte ich ihn. »Man kann aus allem gestärkt hervorgehen«, antwortete er zwischen Tür und Angel, als wir zur ambulanten Kontrolluntersuchung in der Hämatologie waren. Er sagte das mit einer selbstverständlichen Sicherheit und einem unwiderstehlichen Lächeln. Die Betonung lag auf dem Wort »gestärkt«. Das machte Mut! Bestmöglich und gestärkt. Die beiden Ärzte müssen es wissen. Sie erleben seit Jahren das Sterben der krebskranken Kinder mit.

Doch manchmal macht sie sich trotzdem breit, diese Finsternis. Überwältigt mich und fängt mich ein in ihrem Netz. Erstickt jede Hoffnung im Keim. Bestmöglich und gestärkt, diese wunderbaren Begriffe entgleiten meinen Fingern. Je mehr ich versuche, nach ihnen zu greifen, desto entfernter scheinen sie an mir vorbeizufließen, unaufhaltsam weit. Ich werde mein Kind verlieren und kann nichts dagegen tun. Selbst wenn ich die besten Spezialisten der Welt aufsuchen würde, die es gibt – der Krankheitsverlauf steht fest. Selbst wenn ich das Fortschreiten durch Förderung aller Art verlangsamen könnte, es bleibt doch ein Kräfte raubender Kampf gegen Windmühlen. Was auch immer in meiner Macht steht – es wird mir nie und nimmer gelingen, meinem Los zu entkommen. Meine eigene Ohnmacht ist mir mehr als bewusst. Danebenstehen müssen und nicht gar nichts, aber auch nicht viel tun können. Danebenstehen müssen, wenn Jonathan hadert: »Warum habe ich kranke Beine? Wann macht mich Jesus gesund? Warum kann ich nicht mit den anderen, den gesunden Kindern, spielen? Ich will Gummistiefel! Ich will Ski fahren gehen!« Dieses Danebenstehen- und Zusehenmüssen – ich halte es nicht mehr aus. Wie soll ich mich jemals begnügen können mit dem, was ich tun kann? Mein Herz fühlt sich an, als würde es bei lebendigem Leib herausgeschnitten! Und dieser Schmerz ist einsam. *Die schwersten Wege werden alleine gegangen*[28], schreibt Hilde Domin. Denn der Schmerz eines Vaters ist nicht der einer Mutter. Auch der Schmerz einer Freundin ist nicht derselbe. Ich sage nicht, dass die Trauer der anderen keine Berechtigung hat. Ich behaupte lediglich, dass dieser Schmerz durchlebt werden muss, weil ihn keiner nehmen kann. Es ist ein Weg ohne Abkürzung. Lässt sich der Schmerz mit der Zeit verwandeln? Ich weiß es nicht.

Noch einige Jahre liegen vor uns. Werde ich zerbrechen? Was wird danach von mir übrig bleiben? Die Trauer ist ein steiniger Weg. Und dann? Werde ich meine Kräfte aufgebraucht haben? Oder werde ich mich irgendwann zu neuen Ufern aufschwingen? Wird mich die Leichtigkeit irgendwie wiederfinden, zu mir zurückkehren in einem nicht mehr erwarteten Überraschungsmoment?

Vielleicht habe ich mir das alles nur eingebildet, die sprachliche Begabung und die Gestaltung meiner Welt als Lebenskünstlerin. Vielleicht habe ich keine schöne Stimme, und andere spielen sowieso besser Klavier. Vielleicht interessiert sich kein Mensch für das, was mir aus der Feder fließt. Vielleicht ist das alles nur eine abgedrehte Illusion, um dieser unerträglichen Ohnmacht etwas entgegenzusetzen. Vielleicht habe ich mich lediglich in etwas hineingeflüchtet, um im Alltag mit Jonathan nicht gänzlich Schiffbruch zu erleiden. Vielleicht bin ich einfach eine erschütterte Hausfrau und Mutter mit schwindender Nervenkraft. Vielleicht bleibe ich irgendwo auf der Strecke liegen und rühre mich nicht mehr. Denn die Finsternis besteht aus pochenden Zweifeln und Fragen. Die Seele schreit fortwährend: »Wo bist du, Gott? Es ist genug!« *Meine Augen sehnen sich danach, dass deine Zusagen wahr werden. Wann wirst du mich trösten?*[29]

36 GOTT IST GEGENWÄRTIG

Gott ist gegenwärtig. Das ist einer der ersten Choräle, den ich auf der Orgel spielen kann. Am liebsten mag ich die sechste Strophe:

> Du durchdringest alles;
> lass dein schönstes Lichte,
> Herr, berühren mein Gesichte.
> Wie die zarten Blumen
> willig sich entfalten
> und der Sonne stille halten,
> lass mich so, still und froh,
> deine Strahlen fassen
> und dich wirken lassen.[30]

Wenn Jonathan am Morgen vom Schulbus abgeholt und Matthea in den Kindergarten gebracht worden ist, führt mein erster

Weg in die Kirche. An der Tür hängt ein Schild aus Holz mit der Aufschrift: »Kirche geöffnet«. Es ist wie ein Begrüßungsritual, wenn ich den heiligen Raum betrete. »Herr, ich komme zu dir. Ich will dir Ehre geben mit meiner Musik.« Im Winter ist es noch stockdunkel. Ich muss die Lampe über dem Notenhalter anschalten, um die Choräle lesen zu können. An den Kirchenwänden und im Altarraum sind in regelmäßigen Abständen Lichter in Form von Engeln angebracht. Ein Klick am Zentralkasten und die Finsternis des Gotteshauses wird erhellt. Himmlisch! Ich stelle mir vor, wie hier wirkliche Engel anwesend sind. Mein kleiner Ofen wärmt mich von der Seite – selbst bei Minusgraden lässt es sich auf diese Weise eine Stunde üben. Rechts auf der Empore wartet sie geduldig auf mich, die Königin der Instrumente. Von hier oben habe ich den direkten Blick auf ein großes Bild: Jesus, durchbohrt am Kreuz. Luftlinie bin ich fast auf Augenhöhe mit ihm. Jetzt will und darf ich einfach nur sein. Hier kann ich meinen Jubel in die Pedale fallen lassen oder meine Tränen in die Tastatur weinen. Hier fühle ich mich zu Hause und geborgen. Gott hört mich. Gott sieht mich. Gott ist gegenwärtig.

Es ist nicht wichtig, wie fehlerhaft ich als Anfängerin spiele. Ich gebe Gott mit jedem Ton mein Herz. »Es ist schön, dass du da bist!«, mag Gott zu mir sagen. Ja, mich gibt es immer noch. Das stelle ich mit erleichtertem Erstaunen fest.

Es gibt Wohnungen und Häuser, in denen Gottes Anwesenheit von dem Augenblick an, in dem man die Türschwelle betritt, spürbar ist. Die geheimnisvolle Gegenwart Gottes ist kein Exklusivrecht von Kirchen! Dennoch genieße ich sie hier bewusster, in einer Art endlicher Ewigkeit. Ich sehne mich nach einer Brücke zwischen Himmel und Erde. Das Irdische, loslassend in den Himmel, das Himmlische, einbrechend in den Alltag. »Bitte lass die Menschen, die hierher kommen, deine Nähe spüren, Vater. Das brauchen wir alle so sehr!«, bete ich. Oftmals bleibe ich nicht allein. Die Kirchendienerin, die Sekretärin oder der Hausmeister kommen dienstlich vorbei. Andere Menschen suchen Stille oder wollen beten. Sogar amerikanische Touristen habe ich schon kennengelernt. Am Anfang war mir die Anwesenheit anderer Menschen beim Üben unangenehm. Aber dann machte ich eine wunderbare Erfahrung: Die Menschen lieben Musik. Gott gebraucht auch laienhafte Klänge, um Menschen zu berühren. Martin Schleske, ein begnadeter Geigenbauer und Autor, stellt in seinem Buch »Der Klang« einen Zusammenhang zwischen dem Leben und dem Bau einer Geige her. Sinngemäß ist nach Schleske das, was den Ton trägt, bedeutender als die Vollkommenheit einer Interpretation.[31]

Eines Tages fragt mich eine nette ältere Dame aus der Gemeinde, ob ich am Dienstagmorgen an der Orgel gewesen sei. Erschrocken frage ich: »Ja, warum?« Das Stück, das ich gespielt hätte, sei ihr den ganzen Tag durch den Kopf gegangen und habe ihr viel Kraft gegeben. Danke! Ich staune nicht schlecht. Sollte sich Gott schon jetzt meiner musikalischen Schwachheit bedienen? Die Idee lässt mich nicht los. Wahrscheinlich ist es ohnehin zu verrückt und hochgegriffen, mein eigenes Bühnenprogramm auf die Beine stellen zu wollen. Vielleicht bleibt der letzte Punkt meiner Löffelliste ein Traum? Fest steht, dass ich für diejenigen, die zufällig oder bewusst in unsere kleine Kirche kommen, ein Licht sein kann.

»Guten Tag. Schön, dass Sie hier sind. Darf ich Ihnen etwas auf der Orgel vorspielen? Es würde mich sehr freuen! Nur eines will ich damit sagen: Gott ist hier!« Wäre es nicht fantastisch, in einigen Jahren ein buntes Repertoire bieten zu können? Präludien und Fugen für die Klassikfans. Choräle für jede Generation, unterschiedlich im Stil, je nach Alter und Geschmack. Lobpreislieder für die jungen Familien und Teenager. Jochen Klepper für Landstreicher? Die Jugendlichen, die aus Langeweile am Wochenende vorbeischauen, weil sie unter der Woche ihren Entzug in der Suchtklinik einige Kilometer entfernt von hier machen, mögen sicher *Nothing else matters*. Es ist das erste Mal, dass sie eine Orgel sehen. Was ich derzeit bieten kann, lässt ihre Gesichter zu verächtlichen Grimassen werden. Filmmusik für Neuzugezogene und Außenstehende. Ein Vater, der seine kleine Tochter taufen lassen will, zeigt ihr vor dem Sonntagsgottesdienst die Kirche. Als er die Filmmusik von Forrest Gump hört, ist er begeistert. Eine gelungene Überraschung! Er kommt in eine Kirche und kennt die Musik!

Natürlich hatten schon viele vor mir diese Idee. Ein Kantor aus dem Nachbarort lädt kurze Zeit später zu einer interessanten Marktmusik ein: *Die Orgel rockt.* Unsere ganze Familie steigt an diesem Samstagmorgen ausnahmsweise ins Auto und will zuhören. Melodien und Arrangements unterschiedlichster Hits und Filme, wie zum Beispiel *We are the champions, Phantom der Oper* oder *Die fabelhafte Welt der Amélie,* erhalten einen neuen Klang. Ich bin in großer Euphorie. Auf der Empore steht ein Schlagzeug neben der Orgel, sogar diskoähnliche Lichteffekte werden dort erzeugt. Die Kirchenbänke sind fast voll. Ob das in den anderen Menschen auch eine Mischung aus Freude und Gänsehaut bewirkt? Diese dreißig Minuten hätten garantiert jeden davon überzeugt, dass die Orgel weder altmodisch noch langweilig ist.

Um meine Vision zu verwirklichen, muss ich noch viele Stunden, Tage und Wochen üben. Vielleicht ist genau das mein Platz? Den Landstreicher, der sich unter der Woche in unserer Kirche aufgewärmt und den Orgelklängen gelauscht hat, entdecke ich sonntagmorgens im Gottesdienst. Schade, dass er mich nicht erkennt! Oder ist er einfach nur menschenscheu? Ich habe beim Üben für ihn gebetet. Jetzt sehe ich ihn singen. *Gott ist gegenwärtig.*

37 INNEHALTEN

Luxus pur, Wellness für die Seele: einkehren im Haus der Besinnung in Betberg. An diesem Ort wird tatsächlich seit Jahrhunderten gebetet! Nach Weihnachten 2012 fahre ich mit einer starken Erkältung für ein Wochenende dorthin. Ich wünsche mir nur eines: Gott, begegne mir! Sprich zu mir! Dich will ich hören!

In meinem Zimmer liegen ein Stück Schokolade und ein Bibelspruch auf dem Nachttisch: *Wie sich ein Vater über seine Kinder zärtlich erbarmt, so erbarmt sich der Herr über alle, die ihn fürchten.*[32] Das ist eine gute Idee, finde ich. Jetzt tust du etwas, Gott. Oder handelst du schon die ganze Zeit? Oder bist du – wie versprochen – bei mir gewesen und ich habe es nicht immer bemerkt? In mir herrscht noch der Volldampf des Alltags. Gern würde ich dem Vorschlag, diese Zeit mit einem Gebetsspaziergang in den idyllischen Weinbergen zu beginnen, Folge leisten. Aber mein Körper schreit nach Erholung im Bett. Schade! Ich wäre viel lieber mit Wanderstiefeln durch das Markgräflerland getrabt. Im Bett liegen gilt auch als Ankommen. Harren. Hinhalten. Aushalten. Hören. Hingeben. Die Beschränkung auf das Wesentliche kostet Mut und Überwindung. Hier liegt mein Block mit dem Kugelschreiber, dort die Bibel, ein Kreuz und eine Kerze.

Nachmittags begebe ich mich in den Raum der Stille. In der Großzügigkeit und Helligkeit des Raumes ist Gottes Weite spürbar. Die Fensterfront lässt den Blick in die Landschaft schweifen. Ich staune. Neuerdings gibt es drei Nischen, abgetrennt durch spanische Wände. Dahinter verbirgt sich jeweils ein Kreuz, eine Bibel, ein Impuls für die Zeit mit Gott und ein Gebetshocker auf dem kleinen weichen Teppich zum Sitzen. Das kommt mir entgegen. Jeder entscheidet selbst, wo er sich am liebsten aufhält. Heute wähle ich eine Ecke des Rückzugs. Es ist immer und immer wieder dieselbe Frage: Was bleibt in und nach allem von mir übrig? Was springt in diesem Leben noch für mich heraus? Wie kann ich das aufs Äußerste auskosten? Nein, viel mehr noch ist es die Umkehrung meiner Fragen durch Gottes Frage an mich: »Vertraust du mir? Glaubst du, dass sich durch dein Leben etwas Gutes erfüllen soll?« Wie oft habe ich entschieden, dass ich Gott gehöre mit Haut und Haaren! Mein Leben soll ihm geweiht sein. Wenn ich ganz und gar sein bin, entscheide nicht mehr ich, sondern er geht mir voraus und leitet mich. Was wäre schlimm daran, ein Leben der Hingabe im Gebet, im Dienst für andere durch Musik zu führen? Vielleicht würde mich das viel mehr erfüllen als die sogenannten Schätze dieser Welt?

Der zugrunde gelegte Bibeltext steht im Lukasevangelium: Die Prophetin Hanna – erfülltes Leben im Alter.[33] Hanna diente Gott mit Fasten und Beten, Tag und Nacht. Ich versetze mich in ihr Leben, ihre Perspektive. Was hatte sie von Gott empfangen? Was mochte sie für ihn empfinden? Ob sie Kinder hatte, wissen wir nicht. Irgendwann entschied sie sich, Gott im Tempel zu dienen, und starb damit glücklich und erfüllt. Was hat das mit mir zu tun? Oder anders gefragt: Wollen wir das nicht alle, jeder auf seine Weise, am Ende ein großes Ja finden und zufrieden sterben? Im Nachhinein waren alle Streckenabschnitte Stationen auf dem Weg zum Ziel. Wie ist das mit meinen Etappen? Wo komme ich her, wo gehe ich hin?

Es berührt mich sondergleichen, dass diese Fragen vom Ende her gestellt werden: Wie lebe ich mit 85 Jahren? Was muss ich dafür getan haben? Was kann ich heute dafür tun? Diese Art, über meine Zielsetzungen nachzudenken, kenne ich aus meinem Kreativbuch. Vor gut zwei Jahren stellte ich mich ähnlichen Fragen. Das macht mir den Impuls doppelt wertvoll. Ich darf Bilanz ziehen und mich in Gottes Gegenwart und Licht neu orientieren. Vieles, was vor zwei Jahren aus vagen Konturen bestand, hat inzwischen Gestalt gewonnen. Neues ist dazugekommen. Verwelktes wurde abgeschnitten und durfte sterben. Es überrascht mich nicht, dass ich weiß, was ich will. Erstaunt und dankbar bin ich, wenn ich sehe, wie viel von meinen Vorstellungen eingewoben worden ist in Gottes Plan. Langsam hat sich herauskristallisiert, was mein Ziel ist: Auf Gott hinweisen und Menschen berühren. Das erfüllt mich. Wie Gott das unterstützt und segnet, ist seine Sache. Nah bei Jesus bleiben, weiterentwickeln, weiterentdecken und mit Glauben sehen, was daraus erwächst. So ist es gut. Brillant. Ich will mich neu auf den Weg machen. Jesus und der ganze Himmel sind mein Endziel. Die ewige Herrlichkeit – was für eine Perspektive!

Gott legt seine liebenden Hände auf mich und kommt mir spürbar nah in diesen Tagen. Gottes Gegenwart verhilft mir wieder zum Durchbruch ins Licht. Verändere mich! Verwandle den Schmerz in Freude! Wie die Prophetin Hanna will und werde ich dir dienen und erfüllt leben. Erfüllt, das heißt, er füllt und er fühlt. Er füllt mein Leben mit Gutem und er fühlt mit.

Der die Endlichkeit durchbrach, ist genug.

8 GESTÄRKT WERDEN

Auch die kommenden Tage renne ich nicht durch die Weinberge, gehe nur eine Stunde bewusst langsam spazieren. Die Sonne scheint, es ist frühlingshaftes Wetter. Schon am frühen Morgen freue ich mich auf das leckere Essen. Täglich gibt es mehrere Salate, und ich muss nichts dafür tun! So viel ich will und es mein Körper verlangt, liege ich im Bett. Oder ich bin einfach nur da, meditiere: »Ich bin Gottes Kind. Nichts kann mich von seiner Liebe trennen.«

Gegen Ende dieser Zeit gönne ich mir auch noch den Luxus, für mich beten zu lassen. In einem kurzen Gespräch mit der Pfarrerin stolpere ich innerlich über einen Satz: »Sie dürfen trauern.« Endlich hört mein Herz, wonach es sich lange gesehnt hat! Ich muss die nächsten Jahre nicht gesund und munter, strahlend stark und total tapfer sein. Ich darf trauern. Ich habe die Erlaubnis, meinem Schmerz Raum und Ausdruck zu geben. Wie erleichternd und befreiend ist das! Hier ist keiner, der mich bemitleidet oder erwartet, dass ich mich zusammenreiße; keiner, der mir Tipps gibt oder einen Kommentar parat hat.

Hier kann ich mich den anderen zumuten, ohne Angst haben zu müssen, dass man aufatmet, wenn ich wieder weg bin. Hier will mich keiner loswerden, weil er mich mit meinem Schicksal nicht erträgt. Hier darf ich sein und werde freundlich eingeladen, bald wiederzukommen.

Im Sonntagsgottesdienst spricht mich die Predigt nicht nur an, sie scheint wie für mich gemacht. Der Pfarrer geht auf einen Choral von Kaspar Friedrich Nachtenhöfer und die Umstände seiner Entstehung im Jahr 1684 ein. Über Nacht verliert der Liederdichter seine Frau und sein Kind. Sieben Jahre später trägt er auch seine zweite Frau zu Grabe. An Weihnachten soll er über Gottes Liebe predigen und kann es nicht. Bei diesem tiefen Schmerz kommt auch ein Geistlicher an die Grenze seines Vertrauens. Wie kann ich bei allem Leid noch Vertrauen haben in Gott und seine Güte? Mitten in seiner Ohnmacht entsteht ein Lied, das heute noch im Evangelischen Gesangbuch zu finden ist: *Dies ist die Nacht, da mir erschienen des großen Gottes Freundlichkeit.* [34] Gott bleibt im Leid der Gott der Liebe. Gott kann im Leiden mit mir das Leid umarmen. Was kommt? Was ist, wenn Schweres kommt? Werden wir bereit sein, die Zeiten, wie sie kommen, anzunehmen, durchzustehen und zu durchleiden?

Der heutige Bibeltext ist aus 1. Mose 9, die Sintflutgeschichte mit Gottes Regenbogen. Wenn Leid kommt, dann müssen wir nicht so tun, als wären die Wolken nicht da. Aber wir dürfen etwas hinzudenken – und das ist Entschlusssache –, das Geheimnis Gottes: Das Schwere kommt, wenn er es kommen lässt, aber dann kommt auch er. In der Wolke ist Gottes Herrlichkeit und aus den Wolken heraus kam Gottes Stimme. Größer als der Helfer ist die Not nicht. Das singen wir auch in Paul Gerhardts Lied *Befiehl du deine Wege*:

> Der Wolken, Luft und Winden gibt Wege, Lauf und Bahn,
> der wird auch Wege finden, da dein Fuß gehen kann.

Vielleicht lässt sich deshalb in die Wolken hinein sagen: »Ich grüße dich, Herr, mit den Wolken kommst auch du.« Gott hat schließlich seinen Bogen für uns in den Himmel gesetzt. Vielleicht kann ich deshalb mitdenken: Das Maß der Wolken ist begrenzt. Gott ist treu, er lässt uns nicht über unsere Kraft versuchen! Um den Regenbogen zu sehen, muss ich allerdings meinen Blick heben. Loben zieht nach oben. Wenn ich danke, wird Gott etwas freisetzen, das dem Leben dient.

Die Predigt hat mich sehr bewegt. Ein letztes Mal kehre ich in den Raum der Stille zurück. Der Schmerz bleibt. Möglicherweise verwandelt er sich noch nicht. Aber jetzt bleibt der Schmerz nicht allein. Gottes Liebe und Friede sind auch da. Gottes Liebe und Gottes Frieden erlebe ich wieder neu. Ich fühle mich wie ein Kind, das in den Armen seines Vaters zärtlich gehalten und getröstet wird. Und weil du mich herzlich umarmst, will ich das mit mir und meinem Weg auch versuchen. Danke, großer Gott. Jetzt fällt mir auf: Erbarmen reimt sich auf umarmen!

39 GETHSEMANE

Gethsemane – der Ort, an dem Jesus aus Angst vor seinem Tod Blut schwitzte. Kinderklinik, mein Gethsemane. Heute: Kontrolltermin in der pädiatrischen Neurologie. Es ist der erste seit der Verkündigung der wahrscheinlichen Diagnose. Als wir Punkt vier Uhr ankommen, steht der Professor bereits wartend in der Tür. Die Zusammenfassung der neuen wissenschaftlichen, weltweiten Ergebnisse: Dieses medizinische Phänomen ist etwas Einzigartiges und Unvergleichliches. Jonathan sitzt lieb und entspannt in seinem Rollstuhl und hört mit seinem Gemecker auf, als er erfährt, dass er nur untersucht wird, ohne »Pieks«. Ich atme erleichtert auf. Auf der Hinfahrt war er aggressiv und erbost über den Arztbesuch, und auf der Rückfahrt wird er mir sicher aus Erschöpfung und wegen der Störung seines gewohnten Tagesablaufs durchdrehen.

Der Neurologe untersucht die Reflexe, die nach meinem laienhaften Blick überhaupt nicht vorhanden zu sein scheinen.

Ich muss zur Dokumentation alle beobachteten Veränderungen der letzten acht Monate darstellen. Jonathan kann nicht mehr selbstständig essen, braucht oft Hilfe beim Zum-Mund-Führen des Bestecks oder beim Trinken. Der Tremor hat sich verstärkt. Jonathan kann nicht mehr allein sitzen und hat auch in seinem Therapiestuhl Mühe, deshalb wurde ein Stuhl verschrieben, in dem er besser fixiert werden kann. Jonathan hat in seinen geistigen Fähigkeiten eindeutig abgebaut. Er kann nicht einmal mehr bis zehn addieren und nur noch bis zwanzig zählen, wenn überhaupt. Das Lesen fällt ihm schwer, er erkennt die Buchstaben, die er sicher beherrscht hat, nicht mehr. Sehen und hören kann er noch. Motorisch lässt sich überhaupt keine Wirkung des Botulinumtoxins feststellen, eines Arzneimittels, das die Anspannung der Muskeln hätte vermindern sollen. Das heißt: Es ist nicht sinnvoll, ihm Botox in die Beine zu spritzen, wenn diese bereits dermaßen versteift sind, dass das Medikament nicht mehr wirkt. In seiner emotionalen Verarbeitung der Situation zeigt er neue geistige Einschränkungen. Manchmal reagiert er aggressiv und wütend, wenn er etwas nicht kann, wie er will. Im Allgemeinen bleibt er aber fröhlich und bewahrt seinen unbestechlichen Humor. Schmerzen durch einen Unfall? Ärger, weil er nicht mehr Computer spielen darf? Zorn, weil die Schwester beim Spielen das gelbe Männchen bekommt? Mit zwei Gummibärchen oder einem Keks ist alles wieder gut. Jonathan lebt zunehmend im Moment, ohne Erinnerungsfähigkeit.

Dann muss Jonathan vor die Tür, damit er das weitere medizinische Sachgespräch nicht mithören kann. »Ich will *angry birds*!«, ruft er hocherfreut. Der Arzt staunt, wie leicht und lange sich mein Achtjähriger mit seinem tragbaren Computer beschäftigen kann (bisher sind es 20 Minuten!!!). Was jetzt kommt, kostet mich mehr Nerven, als ich habe, und mindestens zwei Tage Regenerationszeit. »Lassen Sie uns die Sache in aller Distanz besprechen«, bittet mich der Spezialist mit

Betonung auf »aller Distanz«. Eine *Leukodystrophie*, das heißt, eine genetisch bedingte Stoffwechselerkrankung, bei der der gesamte Körper bis hin zum Tod abbaut, kann nicht eindeutig nachgewiesen werden. Der Krankheitsverlauf spricht jedoch sehr dafür. Eine weitere medizinische Erklärung für den Verfall könnte eine chronische Hirnhautentzündung sein, bedingt durch die Defizite im Immunsystem. Eine Biopsie des Gehirns – operative Entnahme kleiner Proben der Gehirnmasse zur genauen Untersuchung – könnte diesen Verdacht bestätigen. Im besten Fall wäre dann ein Hinauszögern des sicheren Ablebens durch die vierwöchige Gabe von Immunsuppressoren in der Uniklinik möglich. Das könnte einen längeren Erhalt der momentanen Lebensqualität bedeuten, aber auch ein längeres Leiden. »Die Entscheidung liegt ganz bei Ihnen.« Ich entscheide mich sehr schnell, weil wir uns als Eltern einig sind. Wir wollen nicht unter allen Umständen lebensverlängernde Maßnahmen. Auch wenn der Tumor wiederkehren sollte, möchten wir von intensiven Therapien absehen. Der Arzt befürwortet meine Meinung sehr, denn er hat dieselbe. »Sehen Sie, Ihr Kind darf sterben. Andere schwerstbehinderte Kinder müssen jahrelang ohne Lebensqualität ausharren, weil es medizinisch möglich war.« Ich habe keinen Nerv, mit ihm ethische Diskussionen über die Lebensberechtigung schwerbehinderter Menschen zu führen. Ich brauche meine gesamte Konzentration und Energie für die möglichst distanziert-sachliche Abwicklung dieses Gegenstands, Fachbegriffe inklusive. Nach dem Ableben steht es uns frei, eine Obduktion für wissenschaftliche Zwecke zu veranlassen. Im Nachhinein ist die genaue Diagnostizierung anhand der Hirnsubstanz ebenso möglich. Aber das können wir dann immer noch entscheiden. Es ist mir egal, ob Jonathan nach seinem Tod Gehirnmasse entnommen wird oder nicht. Forschungsobjekt ist er sowieso schon lange. Ich will jetzt nur noch weg von diesem grausamen Ort. Die brutal-tröstliche Sachlichkeit wird mir zu viel. Brutal in dem, was ich hören muss, und was auf mich zukommt. Tröstlich, weil er sterben darf, nicht jahrelang vor sich hin siechen muss. Ein Anruf unterbricht unser Gespräch. Ein Kollege aus der Onkologie ist am Apparat. Das duldet keinen Aufschub. Somit habe ich Gelegenheit, ein paar Sekunden lang durch den Türspalt zu lugen, um zu sehen, was Jonathan treibt. Denn draußen vor der Tür ist es still geworden. Jonathan spielt immer noch friedlich und amüsiert *angry birds*. Gott sei Dank! »Die Eltern haben die Chemo abgelehnt und nun ist es zu spät? Wählen Sie ein entsprechendes Palliativprogramm«, so der Fachmann am Telefon. Mir wird speiübel. Irgendwo da draußen wird bald ein Kind sterben. Wann ist mein eigenes an der Reihe? Ich erkundige mich sachlich über die Lebenserwartung von Jonathan und bin für sehr kurze Zeit beruhigt. Die Zeitangaben decken sich mit meiner mütterlichen Intuition. »Haben Sie mit Ihrem Sohn über den Tod gesprochen? Hat er Angst davor?« Das ist mein Stichwort. »Jesus!«, bete ich. Dann lege ich los und erzähle warmherzig davon, wie Jonathan unbedingt getauft werden wollte, weil er zu Jesus gehört. Er weiß um die Party im Himmel, sobald er dort ankommt. Angst hat er nicht. Ich weiß nicht, ob es ein sarkastisches oder ein süffisantes Grinsen ist, das dem Arzt in diesem Moment über die Lippen huscht. »Ja, Ihr Mann ist Fachmann auf diesem Gebiet. Priester oder so«, erwidert er trocken und unbeteiligt. »Priester wäre schlecht!«, kontere ich selbstbewusst. »Fachmann ja!« »Ich konzentriere mich auf das Medizinische.« Natürlich, und deswegen sind wir auch hier.

Ich kämpfe mit den Tränen. In aller Distanz und Sachlichkeit. »Wenn es dann darauf ankommt, wenn es dann hart zur Sache geht und auch schon vorher, bin ich für Sie da und mein Team aus dem Sozialpädiatrischen Zentrum auch.« Nun hat er seine professionelle Freundlichkeit zurückgewonnen und weist mich auf das soziale Netz hin, das die Klinik in Fällen »sehr schwerer Wege« unter uns aufspannt. Die Information kommt mir gelegen. Wie lange wird die Krankenkasse eine Therapie bezahlen? Wer steht bis zum Ende zu und hinter mir, um mich aufzufangen? Das interessiert und beschäftigt mich sehr. Meine Jesus-Argumentation war toll. Sollte ich sie mit einem passenden Bibelvers versehen? Nein, jetzt bleibe ich lieber sachlich. Ich will nicht ausschließen, dass auch ich eines Tages psychologische und medizinische Hilfe in Anspruch nehmen muss. In diesem Fall hätte ich keine Lust auf einen *Wo ist jetzt Ihr Gott?*-Spruch. Wenn es dann hart zur Sache geht, so höre ich, steht – je nach Jonathans weiterer Entwicklung – das neurologische oder das onkologische Psychologenteam bereit. Einzelgespräche zur Krisenintervention sind jederzeit möglich. Aha!

Wie lange werde ich durchhalten? Werde ich durchhalten? Über die weitere Vorgehensweise sind wir uns überraschend einig. So wenig Leid wie möglich. Ich weiß, der Himmel naht. So viel Unterstützung wie nötig. Meine Löffelliste ruft. Der Schmerz und die Trauer überwuchern zwar wieder alle anderen Gefühle, aber dass es für mich ein Leben nach Jonathan gibt, das ist mir besonders in diesen krassen Stunden sehr wichtig. Ich werde dann nicht mehr die sein, die ich war. Aber geben wird es mich noch, in welcher Form auch immer. Meine Freundin Conny hat ihren geliebten Mann bis zur Himmelsschwelle begleitet. Als ich sie anrufe, ermutigt sie mich: »Ich meinte, ich sei zerbrochen. Doch in Wirklichkeit bin ich verändert.«

In einem halben Jahr ist der nächste Termin. Ich schwöre mir, ab jetzt niemals wieder allein an der Front zu stehen, sondern Dirk mitzunehmen. Im Auto gönne ich mir die mittlerweile unaufhaltsamen Tränenergüsse, die ich in der letzten Dreiviertelstunde notgedrungen zurückhalten musste. Jetzt lasse ich alle Sachlichkeit hinter mir. Innerlich hänge ich mir tausend Mama-Tapferkeitsmedaillen um, wohl wissend, dass es nichts ändern wird, auch die entsetzliche Ohnmacht nicht mindert.

Jonathan ist stinksauer. Es wird dunkel, ohne dass er *Beppo der Bock* gespielt und mit Papa Unfug gemacht hat. Außerdem hat er Kohldampf, denn er hat noch nicht einmal Mittagessen bekommen! (Auf der Hinfahrt hatte er mir bekundet, wie lecker die Tomatensoße in der Schule gewesen sei.)

Mir wütet wie wild »das Gespräch in aller Distanz« durch den Kopf. Ich muss und will ab jetzt viel über das Leben und den Tod mit den Kindern reden. Das hat der Professor goldrichtig gesehen. Muss ich mich um ein Pflegeheim kümmern, oder kann Jonathan noch auf der Schule für geistig und körperlich Behinderte bleiben? Gibt es in unserer Nähe ein Hospiz für Kinder? Ich wünsche mir, dass er zu Hause einschläft, ohne Schmerzen, in Frieden. Genauso, wie es dem fünfzehnjährigen Jungen aus der Nachbargemeinde vergönnt war. Sein Körper hatte den bösartigen Tumor nicht besiegt. Vor dem Schlafen wünscht sich Jonathan heute die Gutenacht-Geschichte: Wie Jesus stirbt und aufersteht.

Kinderklinik, mein Gethsemane. Nur einen einzigen Buchstaben müsste man ändern, um mein Gethsemane in einen Garten Eden zu verwandeln. Das D durch ein R ersetzen: regenerieren statt degenerieren. Doch Gott mutet mir das zu. Gott mutet uns das zu. Gott, warum lässt du diesen Kelch nicht an uns vorübergehen? Kinderklinik, mein Gethsemane. »Sanne, übertreibst du da nicht wieder ein bisschen?«, frage ich mich selbst. Matthea wurde den gesamten Nachmittag von einer lieben Freundin versorgt. Dirk sagte sofort seinen Diensttermin ab, als er nach Hause kam und mich aufgelöst auf dem Sofa sitzen sah. Ich bin nicht allein. Ich bin doch allein. Kein Mensch kann mir diesen unerträglichen Schmerz abnehmen, nur lindern. Deshalb passt der Begriff Gethsemane für mich. Auf seltsame Weise weiß ich mich in meinem größten emotionalen Chaos getröstet. Jesus waren diese Gefühle nicht fremd. Morgen mache ich wieder Musik. Gott hat einer wunderbaren Frau Worte für diese Erfahrung geschenkt.

»Die schwersten Wege
werden alleine gegangen,
[…].
Man hört nur den eigenen Schritt
und den Schritt den der Fuß
noch nicht gegangen ist aber gehen wird.
Stehenbleiben und sich Umdrehen
hilft nicht. Es muss
gegangen sein.«[35]

0 »I'M SINGING IN THE RAIN«

Diese Liedzeile von Arthur Freed[36] spricht mir aus dem Herzen. Singen wollte ich schon immer. Zwei Freundinnen empfehlen mir eine Gesangslehrerin, die unglaublich nett und kompetent sein soll. Mir kommt wieder meine Löffelliste in den Sinn! Per E-Mail trete ich mit der Frau in Kontakt: »Ich suche Gesangsunterricht, weil ich eines Tages meine Lieder unter die Leute bringen will. Hätten Sie Lust und Kapazität?« Wenige Wochen später stehe ich in ihrem Wohnzimmer, das natürlich mit schwarzem Flügel und Notenständer ausgestattet ist. Für mich ist unsere Begegnung Liebe auf den ersten Blick. »Das Zarte und gleichzeitig Starke an dir finde ich toll«, meint sie bei meinem ersten Besuch. »Balletttänzerin hättest du von deiner Figur her werden können!« Sehr wohlwollend! Sie selbst hat jahrelang als Opernsängerin gearbeitet. Peinlich, dass ich wieder einmal keine Ahnung habe. Wahrscheinlich müsste ich sie als Koryphäe der Opernwelt kennen. »Ach das, das lassen wir weg«, erwidert sie. Bescheiden ist sie auch noch.

Alle drei Wochen bekomme ich eine Stunde, nach der ich mich glückselig und aufgerichtet fühle. Denn Leonie sieht mit der Stimme meine ganze Person, hört die feinen Zwischentöne. »Was steht an? Was machen wir heute?«, fragt sie zu Beginn. Und ich erzähle ihr von meinem Alltag mit Jonathan und meinen Sorgen. »Tut das gut?«, will sie nach einer Übung wissen. Ja, und wie! »Die Atemübung nimmt Druck heraus.« Schnell hat sie gemerkt, dass ich ziemlich unter Strom stehe. Es kostet mich Mut und Überwindung, an ihrem Flügel zu sitzen und etwas vorzutragen. Aber die Stimme in mir gibt keine Ruhe: »Mach's endlich! Hier bist du sicher!« Leonie mag meine Musik. Klar, musikalisch und kompositorisch bin ich noch am Anfang. Ich bin auch nicht die Jüngste und habe wenig Zeit. Möglicherweise braucht es Jahre der Entwicklung. Darauf kommt es jedoch nicht an. Der innere Schatz zählt und vor allem die Freude! Ich darf Musik machen und erhalte Rückenwind von dieser unwiderstehlichen, liebenswerten Frau! »Improvisationstheater, das passt zu dir! Du hast es ja faustdick hinter den Ohren«, amüsiert sie sich. »Ich? Nein, ich bin total harmlos.« Wir lachen. Wir lachen viel. Sie hat einen unschlagbaren Humor. Improvisation – das ist (über) lebenswichtig!

Deshalb singt sie, was ihr gerade kommt, auf Ti-ta-ti-ta-to, und ich darf antworten – dramatisch, leicht, behände, traurig, ungestüm, frech. Zwerchfell nicht vergessen! »Soll ich dir eben mal zum Besten geben, was du gesungen hast?« Sie setzt an, ahmt mich übertrieben nach. Dann prustet sie los. »Hör dir das an! Ist das nicht komisch? Das hast du erfunden.« Jetzt verstehe ich. Sie lacht mich nicht aus. Sie sucht den Witz, wiederholt die Phrase. Wir lachen, mir kommen fast die Tränen.

Anleitung zu Ironie und Selbstironie. Was für ein Spaß! »Sanne, Singen ist die beste Medizin!«

Irgendwann erzähle ich ihr, wie die vor mir liegenden Jahre aussehen werden und wie viel Kraft und Mut mich das kostet. Denn sie hat mir anvertraut, dass sie eigentlich Musiktherapeutin hatte werden wollen. Bevor sie als begnadete Altistin entdeckt wurde, hatte sie drei Semester Psychologie studiert. Im Grunde ist das Singen mit ihr nichts anderes als Therapie. »Immer wieder erstaunst du mich mit neuen Begabungen. Ständig beobachte ich, wie sich hier noch eine Fähigkeit zeigt und dort noch eine auftaucht. Wer weiß, was du noch alles kannst! Die Enge und die Erschöpfung bringen alles ans Licht. Du kannst lernen, jede Energie umzuwandeln in Kreativität.« Wahnsinn! Nicht, dass ich diesen Zusammenhang zuvor nicht erahnt hätte, aber sie bringt das kurz auf den Punkt. »Hast du ein Musikstück, das meiner Seele jetzt guttut?«, frage ich, als ich keine Lust auf eigene Sachen habe. »*Lascia ch'io pianga* von Händel, das wäre passend.« Wir konzentrieren uns nicht nur auf die Technik. Wir gehen in das Energiezentrum unterhalb des Herzens und spüren ganz tief in uns hinein. Dort, wo der Schmerz sitzt, schluchzen, schreien, weinen, klagen und singen wir. Wahrnehmen. Herauslassen. In die Stimme, in die Töne legen. In der Arie aus *Rinaldo* geht es um Liebeskummer. Doch es spielt keine Rolle, ob mein Schmerz thematisch genau passt oder nicht. Ich lege meine Gefühle in das Lied und bringe es dadurch zum Klingen. Meinen ganz persönlichen Ausdruck darf ich ihm verleihen. Zu Hause höre ich mir verschiedene Interpretationen auf YouTube an, um eine genaue innere Vorstellung von dieser Musik zu bekommen. Meine Familie mag keine Arien. Matthea fängt an zu jaulen wie ein Hund, wenn ich loslege. Jonathan schreit: »Hör auf zu singen, Mama!« Das macht nichts. Sobald Mann und Kinder am Morgen ausgeflogen sind, genieße ich jeden Ton. »Bist du schon wach, Stimme? Wie geht es uns heute und wozu sind wir aufgelegt?« Vielleicht ist die Stimme das beste Barometer für die Befindlichkeit. Ich lasse mir jede Note und Silbe auf der Zunge zergehen:

> Laß mir die Tränen für meine Leiden, Herr, laß mich klagen, daß ich mein Glück verlor. Herr, laß mich klagen, löse die Marter, sei gnädig mir.[37]

1 EIN TRAUERFALL

Dirk geht ganz anders mit Jonathans Krankheit um als ich. Liegt es daran, dass er ein Mann ist? Wenn man ihn nicht gut kennt, könnte man meinen, es sei alles wie immer. Ich dagegen brauche meine Trauernischen. »Wie machst du das?«, frage ich ihn. »Mit jeder Predigt über Leiden, mit jeder Beerdigung verarbeite ich. Wenn ich auf dem Friedhof stehe, weiß ich: Eines Tages liegt mein Kind dort. Das hilft mir.« Vielleicht ist es genau das: Der Angst und der Endlichkeit ins Gesicht sehen und sie aushalten, immer wieder aufs Neue.

Unsere Kantorin kann diesen Freitag die Begleitung an der Orgel nicht übernehmen. Ob ich einspringen will? Mit mulmigem Gefühl in der Magengegend sage ich zu. Ich erprobe die Überlebensstrategie meines Mannes! Die vierstimmigen Choräle übe ich ohne Pedal, weil das Instrument in der Trauerhalle eine einzige Zumutung ist. *So nimm denn meine Hände* wird fast immer gewünscht. Die Familie engagiert zusätzlich ein Bläserensemble, weil der Verstorbene Volksmusik geliebt hat. Das heißt, dass ich nur zwei Lieder begleiten muss; Vorspiel und Musik nach der Predigt übernimmt das Quartett. Ich bin nervös, denn ich habe noch keine Routine im Begleiten der Zeremonie, auch wenn die Stücke einfach zu spielen sind. Außerdem frage ich mich, was es mit mir machen wird, der Angst ins Auge zu sehen.

Die Friedhofshalle liegt auf einem kleinen Hügel außerhalb des Dorfes. Eiskalt ist es an diesem Tag. Die Straßen sind schneefrei. Deshalb nehme ich das Fahrrad. Ich will eine Stunde früher dort sein, um mich an das Instrument zu gewöhnen und innerlich anzukommen. Friedlich sieht die Landschaft aus. Fast keiner ist unterwegs. Die Gräber, fein säuberlich aneinandergereiht, die schwarzen Stäbe der unteren Eingangstüre über der kleinen Treppe, der Wasserhahn für die Gießkannen: Alles wirkt wie im Schlaf.

Die Heimorgel in der letzten Bankreihe ist wirklich ein Abenteuer. Irgendjemand hat zuvor auf Vibration gestellt, sodass ein verschwommener Quaksound entsteht. Hilfe! Aufgeregt drücke ich alle Knöpfe, in der Hoffnung, dass das aufhört. Vergeblich. Die Töne des oberen Manuals klingen zwar sehr künstlich, aber immerhin nach Klavier. Auch der Verantwortliche des Bestattungsunternehmens versucht sich an den Registern von *Trompete* bis *Rhythm* – keine Chance. Somit bleibt mir lediglich das obere Manual. Davon lasse ich mich jetzt nicht beirren. Die Blechbläser erscheinen pünktlich zur Probe. Es sind vier ältere, äußerst freundliche Herren. Eigentlich gehören Bläserensembles nicht zu meinen Vorlieben. Aber in diesem Ambiente mit dem Bild des verstorbenen Busfahrers vor dem Sarg passt das.

Meine Zehen fühlen sich an wie eingefroren, stelle ich nach der gemeinsamen Probe fest. Höchstens acht Grad hat es in der Halle, egal, wie sehr beheizt wird. Der Totengräber lädt mich lachend in den Nebenraum ein und bietet mir Kaffee an. Ja, diese Eiseskälte! Hier gibt es Gott sei Dank einen kleinen Ofen, an dem ich erleichtert die Füße aufwärme. Das Radio läuft. Die Bilder und der Kalender des Snow-Bike-Fun-Clubs, die die Wand bepflastern, erzählen vom Leben: Fotos von Ski-Ausflügen und Winterspaß, unsere Vorgänger als glücklich strahlende Pfarrfamilie, die lustige Gemeinschaft der Sargträger. Und mittendrin zeugt ein Plakat von tiefem Humor: *Kommen Sie zu uns! Hier liegen Sie richtig!*

Die Trauernden nehmen Platz, grüßen sich leise und weinen. Stille kehrt ein. Der Schmerz der Angehörigen und Freunde durchdringt den Raum. Mein Mann begeht die Feier mit Respekt und Ernst. »Wir sind zusammengekommen, um Abschied zu nehmen.« Er benennt das Schwere, verweist auf die Auferstehung und das ewige Leben. Er spricht etwas vom himmlischen Trost in die Trauer. Erinnerungen werden wach. Schön war das, damals. Wir bewahren diesen Menschen in Dankbarkeit in unseren Gedanken. Wie wird es sein, wenn Jonathan vor mir im Sarg liegt? Unweigerlich empfinde ich den Schmerz dieser Gesellschaft mit. Draußen liegt alles still, als wäre nichts geschehen. Gleichzeitig ist das Innerste zutiefst aufgewühlt. Abschied nehmen. Loslassen. Das ist das Widersinnige an unserer Situation, dass wir loslassen müssen, obwohl Jonathan noch ein paar Jahre da ist, dass wir traurig sind mitten in der Freude seines Daseins. Hier durchmischen sich alle Gefühlsregister. Genau das wirkt wohltuend und befreiend. Es ist die Vergegenwärtigung des Vergänglichen im Angesicht des Todes, die uns nicht nur weiterleben lässt, sondern zu trösten vermag. Wo ich gezwungen bin, der Endlichkeit ins Auge zu sehen, werde ich zuversichtlicher und gelassener im Blick auf die Ewigkeit. Hinter allen Widersprüchen verbirgt sich ein tiefer Sinn, den ich ergreifen will. Stückweise Abschied nehmen, Lebewohl sagen zu dem, was Jonathan nicht mehr kann, nicht mehr ist und auf Erden nicht mehr sein wird. Stückweise Himmel ins Herz hineinlassen. Die Hoffnung bleibt nicht unerschütterlich, aber sie wächst. Ich verstehe meinen Mann. Diese Art der Auseinandersetzung ist heilsamer als die Verdrängung. Ich gebe der Trauer Raum und gehe verändert in den Alltag zurück.

2 GEFÄNGNIS

Gehen Sie in das Gefängnis! Begeben Sie sich direkt dorthin! Gehen Sie nicht über Los! Ziehen Sie nicht 4 000,- Euro ein!

Hinter den Gitterstäben meiner Alltagsenge sitze ich und sehe die anderen draußen spazieren, lachen und tanzen. Ich schaffe es nicht mehr allein. Ich kann Jonathan nicht mehr alleine pflegen. Er ist zu schwer. Aber Dirks Terminkalender ist dadurch nicht leerer, im Gegenteil! Nach Weihnachten kommt der große Konfirmanden-Camp-Hype mit zwei Wochenenden und den Tagungen samstags. Ich werde wahnsinnig! Denn selbst wenn ich den Geldbetrag der Pflegestufe zwei in Sachleistungen der Sozialstation umwandle, ist das pro Tag gerade einmal eine lächerliche Stunde und wir brauchen bereits zu zweit morgens mehr als eine, um den Frechdachs für den Schulbus klarzumachen! Da hilft auch kein Muskeltraining mehr! Einen

Bandscheibenvorfall kann und will ich mir nicht leisten. Das Schlimmste aber ist die nun mit jedem Monat schwindende Freiheit. Ich schaffe es gerade noch so, Jonathan samt Rolli über Rampen in den VW-Bus zu schieben. Das Heben in den Therapiestuhl oder ins Bett vom Boden aus bedeutet Gift für den Rücken. Ein Heim kommt noch nicht in Frage und ist kaum bezahlbar. Werde ich in Kürze nicht einmal mehr spontan spazieren gehen können, ohne eine Freundin anrufen zu müssen, die mit mir anpackt? Werde ich überhaupt noch unter die Leute kommen – außer zum Einkaufen? Wie will ich meine kleinen Highlights im Radius von maximal drei Kilometern – Eis essen gehen, Ausflug ans Ufer eines Baches, Picknick an meinem Lieblingsplatz, Spontanbesuch von Freunden – bewerkstelligen? SOS! Ich kann doch nicht zu Hause bleiben! Das habe ich schon nach der Chemotherapie nicht ertragen, als ich den Winter über im zweiten Stock der alten Wohnung festsaß.

Wir hatten damals eine sogenannte Treppenraupe. Das war ein einziges Ungetüm, nicht alltagstauglich. Ich frage mich bis heute, wer mehr Panik angesichts dieses Hilfsmittels bekam – Jonathan oder ich? Im Fall der Nutzung hätte ich Jonathan im Rolli auf die Treppenraupe geschnallt und stufenweise hinabgelassen. Als die damalige Ärztin des medizinischen Dienstes uns sehr direkt von dieser Anschaffung abriet – natürlich stand unser Exemplar bereits im schmalen Flur –, war ich erleichtert. Der Chef des Sanitätshauses und mein Mann hatten die Unzumutbarkeit des Geräts mit weiblichem Unvermögen in Zusammenhang gebracht. Seit einem halben Jahr kann Jonathan überhaupt nicht mehr laufen, nicht einmal mehr stehen. Vielleicht könnte ich doch »über Los« gehen und das Geld der Pflegestufe drei einziehen? Morgen kommt die Ärztin vom medizinischen Dienst zu einer neuen Begutachtung.

Seit Weihnachten war ich nicht mehr im Sport. Zeitmangel, Erkältung, Ferien der Kinder. *Die schwersten Wege muss man allein gehen.* Ich bete um die höchste Pflegestufe, die mein Budget fast verdoppelt. Ich muss mich langfristig um einen Platz im Pflegeheim für schwerbehinderte Kinder und junge Erwachsene kümmern. Ich muss für Dirks einwöchige Fortbildung im Juni eine Pflegeeinrichtung organisieren, in der mein Kind mehrere Tage und Nächte gut versorgt wird. Ich brauche wahrscheinlich mehr Personal der Sozialstation. Ich sollte das noch mal durchrechnen. Wir nagen nicht am Hungertuch, aber ich sehe es nicht ein, draufzulegen. Hallo, sieht hier überhaupt jemand, dass ich einen Knochenjob habe? Nicht zu vergessen: Die deutsche Bürokratie mit ihren sinnvollen und leicht verständlichen Formularen. Was, wenn ich doch einen Bandscheibenvorfall bekomme? Das geht nicht. Was, wenn Dirk über mehr als ein, zwei Wochen erkrankt? Das geht nicht. Was, wenn ich durchdrehe? Das geht dreimal nicht! Drehe ich nicht schon durch? Ich drehe, meine Gedanken kreisen. Wie viele Menschen würden mir helfen und können es nicht, weil auch sie nicht über ausreichende Muskelkraft verfügen? Warum wohnen die Gebrüder Klitschko nicht im Erdgeschoss unseres Neunparteienhauses? Wie wird das erst in zwei, drei oder vier Jahren? Gehen wir kaputt, oder machen wir Bankrott? Ich komme an meine Grenzen, und es nützt nichts, mit dem Kopf gegen die Wand zu rennen: Selbst Denken hilft nur bedingt.

Anfang der Woche schaute ich auf YouTube einen Clip von Nick Vujicic an, der ohne Arme und Beine ein *Leben ohne Limits* führt. Beeindruckend. Sogar Frau und Kind hat er mittlerweile! Ich dagegen sehe den Wald vor lauter Limits nicht mehr! Hilfe! Hört mich jemand?! *Attitude is altitude*[38], sagt Nick Vujicic. *Die Einstellung macht´s*. Ich bin so wütend, dass ich auf die richtige Einstellung verzichte. Ich will nur überleben! Und zwar noch sage und schreibe fünfzig Jahre wie meine Omas. *Limits, limits, limits*. Grenzen, wohin man sieht. Bin ich schon verrückt? Vielleicht habe ich kein Brett vor dem Kopf, sondern vor der Psyche? Selbst wenn ich alle Hilfsangebote annehme und eine gefühlte Ewigkeit mit Organisieren dafür aufbringe – ich schaffe es nicht!!! Und du, Gott, hast auch noch die Dreistigkeit zu sagen, dass bei dir nichts unmöglich ist! Warum hast du dann keine asiatische Sumo-Ringerin aus mir gemacht? Allein ihr Gesäß wäre vom Gewicht her die Hälfte von mir! Oder wie stellst du dir das vor, Gott? Dass ich beim Heben, Umsetzen, Umlagern jedes Mal Davids Goliathsieg erringe? Ich weiß es nicht. Ich weiß nur, dass ich am liebsten schreien will und dass mir die Lösungen nicht zufliegen. Öffnet sich hier irgendwo eine Tür und ich bin blind dafür?

Wie viel lieber würde ich Orgel spielen, statt die aufreibende Rennerei auf mich zu nehmen! Wie viel lieber würde ich einige Stunden mit meinem Herzallerliebsten in einem Traum von Berglandschaft entschweben, wo es für diese Zeit keine Behinderungen, Rollstühle, Ärzte, Kliniken, Pflegesätze und Inkontinenzprodukte gibt. Wie viel lieber würde ich ein anderes Leben führen, eines, das zu mir passt. Wenn ich jugendlich schön, vor Glück und Charisma strahlend durchs Dorf ginge, würden die Leute staunen: »Dieses Leben steht Ihnen ausgezeichnet, Frau Pfarrer!« Meins ist einfach nur Schrott! Alles ist Schrott! Ich brauche überhaupt nicht ins Gefängnis zu gehen. Ich sitze schon drin!

Am darauffolgenden Tag beim Spinning läuft mein Wunschlied. Danke, schöner Steffe! Ich gebe richtig Gas. *Wenn ich spüre, dass ich sterbe, dann will ich leise sein, wenn ich fühle, dass ich lebe, dann will ich lauter schreien. Freiheit. Ich will nicht leise sein. Freiheit. Ich will noch lauter schreien.*[39]

3 SELBST IST DIE FRAU

Januar 2013. Im Terminkalender steht das Konfirmanden-Wochenende. Nein, ich schaffe die Pflege nicht mehr allein! Trotzdem muss mein Mann weg. Ich organisiere mir verschiedene Freundinnen, die mir beim Heben, Umlagern und mit dem Rollstuhl helfen. Aber so kann es nicht weitergehen. Das sieht jeder ein. Ich suche im Internet nach Unterbringungsmöglichkeiten für schwerbehinderte Kinder. Durch die Lebenshilfe und andere Eltern habe ich von einem Heim etwa 20 Kilometer von unserem Wohnort entfernt gehört. Sicherlich kostet das eine Stange Geld. Doch das muss mir meine Selbsterhaltung wert sein! Ich schreibe eine Mail an die Heimleiterin und erhalte keine Antwort. Ich sollte anrufen, anders geht nichts vorwärts. Aber ich sollte jeden Tag so vieles, damit der Laden läuft, und nach meiner vierwöchigen Bronchitis bin ich kräftemäßig noch nicht wieder auf der Höhe. Mattheas Kindergeburtstag und ihre anstehende Taufe wollen geplant sein und für die Zeit unter der Woche telefoniere und organisiere ich auch viel: Wer kommt wann, damit die Nachmittage machbar sind? Mir wird keine Sekunde langweilig.

Dann erfahre ich, dass Dirk ein weiteres Konfirmanden-Camp im Februar hat, dieses Mal von Donnerstag bis einschließlich Sonntag. Wie bitte?! Das ist nicht euer Ernst! Nein, geplant war das eigentlich im März, damit es für die Konfirmanden besser verteilt ist. Der Pfarrkollege hat leider einen Reservierungsfehler gemacht. Es geht nicht anders.

Wieder am Telefon, wieder am Überlegen und Strampeln, wie ich alles abdecke. Donnerstag geht, weil Jonathans Patentante die Kinder bis halb sechs betreut. Vom Outdoor-Rolli ins Bett schaffe ich es gerade noch. Freitag geht, weil die nette junge Frau von der Sozialstation mit Jonathan von halb fünf bis halb sechs »die große Toilette« erledigt. Die Reinigung der Wohnung übernimmt eine bezahlte Kraft. Sie ist an diesem Wochenende im Urlaub. Aber es stört mich nicht, dass sie mittwochmorgens putzt. Eingesaut ist bei uns sowieso in einer halben Stunde wieder alles. Samstagmorgens kann ich drei Stunden des Verhinderungspflegebudgets für eine unserer tollen Kinderbetreuerinnen gewinnen. So bleiben mir zwei Stunden Abtauchen und Aufatmen für die Seele. Nachmittags besucht mich eine Freundin und schleift Jonathan vom Rolli aufs Sofa zum Wickeln, in sein Zimmer zum Kitzeln im Bett, dann wieder zurück in den Rolli. Sie hat ihre beiden Kinder mitgebracht. Da ist viel geboten. Zwischen Kekskrümel fegen, wickeln, Streit schlichten, Kinder bei Laune halten, Spielsachen anbieten und Heulsusen nach Unfall trösten, trinken wir eine Tasse Kaffee. Als sie gegen sechs Uhr geht, habe ich zum dritten Mal in Folge das Abendprogramm zu stemmen: essen, Münder abputzen, Jonathan inhalieren lassen, waschen und Zähne putzen, umziehen, neu wickeln, Hormonspritze verabreichen, frische Socken suchen, Abendbrottisch abräumen. Müde bin ich, aber ich gehe noch lange nicht zur Ruh! Jonathan langweilt sich quengelnd, während ich Matthea die Zähne nachputze und ihr bei der Suche des geeigneten Schlafanzugs helfe. Keiner hat aufgeräumt. Die Memory-Karten liegen überall im Zimmer verstreut. Bei diesem Saustall gibt es keinen Kinderfilm. Ich muss konsequent sein, auch wenn Nachgeben für die Nerven sinnvoller wäre. Aber wie erkläre ich dann in der kommenden Woche, dass ein Minimum an Ordnung sein muss – im Fall Matthea: Boden frei zum Laufen? Meine Tochter ist auf hundertachtzig, die anderen Kinder haben schließlich auch gespielt. Jonathan quengelt vor dem Computer, auf dem wir Filme schauen, weil es nicht losgeht. Matthea hat Angst, etwas vom Film zu verpassen und schimpft im Voraus. Jonathan findet, ich könne den Computer wenigstens einschalten. Irgendwann sitzen die beiden zufrieden vor einem Film. Ich muss mich noch um die wichtigste Wäsche kümmern. Denn die Zubereitung der Mittagsmahlzeit lässt sich unter diesen Bedingungen auf ein Mindestmaß an Aufwand reduzieren: Nudeln mit Soße, Pommes mit Ketchup. Das eingenässte Bettzeug dagegen stinkt die Wohnung voll und wer weiß, was heute Nacht alles in Mitleidenschaft gerät!

Eines steht fest: An diesem Sonntag sieht mich keiner in der Kirche! Denn ich habe mich noch überhaupt gar nicht erholt. Ich will zwischen Bilder sticken, Bücher lesen und Uno spielen eine gute halbe Stunde in meiner Badewanne abtauchen! Natürlich steht mir auch an diesem Tag eine Freundin mit praktischer Hilfe zur Seite. Ich bin überglücklich und froh, dass ich sie habe!

Ohne Zweifel gibt es in anderen Familien mit Kleinkindern auch belastende Phasen. Den höheren Aufwand durch Jonathans Bedürftigkeit leiste ich an diesem Wochenende mit einem Gefühl von Überforderung! Es beunruhigt mich zunehmend, dass ich trotz diverser Unterstützungsmaßnahmen ständig über meine Grenzen gehen muss. Im Nachbarort wird ein Kinästhetik-Kurs angeboten. Diese Kunst der Bewegung können Angehörige Schwerbehinderter oder Pflegebedürftiger erlernen, um sich und ihre körperlichen Kräfte zu schonen. Genial! Gern hätte ich mich sofort angemeldet. Aber ein Kurs findet an vier ganzen Donnerstagen statt, der andere an zwei Wochenenden. Dirk schüttelt gleich wieder den Kopf: »Mein Terminkalender ist voll.«

Es muss das letzte Mal gewesen sein, dass Dirk so lange komplett außer Haus ist. Reservierungsfehler hin oder her! Ein Jahr später nehmen dann meine Eltern Jonathan zu sich in Urlaub, während Dirk auf dem Konfi-Camp arbeitet. Hätte ich es mir einfacher gemacht, wenn ich mich viel früher um einen Heimplatz bemüht hätte? Im Fachjargon heißt das *proaktives Verhalten*. Bin ich am Ende noch mitbeteiligt an meiner chronischen und punktuellen Überlastung? Gedanklich durchlaufe ich die letzten Wochen und Monate. Vor den Konfirmanden-Freizeiten waren mein Mann und ich vier Wochen krank. Davor war Weihnachten, der Vorweihnachtsstress beginnt bei einem Pfarrer Mitte November, wieder kaum Freiraum, geschweige denn Sonntagnachmittage in der Familie. Von September bis Ende Oktober war Jonathan nahezu durchgängig krank. Nein, ich kann mir nichts vorwerfen! Es würde ohnehin nichts bringen.

Das Schöne an Freundinnen ist, wie sie einen immer wieder voller Charme auf die Fährte der richtigen Perspektive locken! Auch an diesem Nachmittag erhalte ich eine Ermutigung: Wie gut und richtig ich alles machte, wie tapfer ich sei und dass es langfristig gesehen weit über alles Menschliche hinausgehe, was mir abverlangt werde. Ich genieße es, mich auf das Herzlichste knuddeln und anfeuern zu lassen. Vielleicht wäre es präziser, die Kapitelüberschrift zu ändern: Selbst muss die Frau sein – ob sie will oder nicht. Dennoch und noch ist sie es. Geballte Frauen-Power macht's möglich.

4 LIEBE

Unter der Woche sehen Dirk und ich uns außerhalb der Mahlzeiten ein bis zwei Abende. Wenn er mehrere Tage in Folge außer Haus ist, vermisse ich ihn besonders. Natürlich hat das auch Vorteile. Ich kann so viel Sauerkraut kochen, wie ich will. Er hasst Kohl und Blutwurst.

Sonntagnachmittags halte ich es kaum noch aus. Jetzt muss etwas passieren! Die Kinder parke ich vor der Flimmerkiste und dann geht es los. *Beautyfarm at home*. Ich gebe mir alles: Beinenthaarung, Augenbrauen zupfen, Intensiv-Haarkur, Nagelpflege, Wellnessbad, Verschönerungsversuche auf Pflanzenbasis, Fußbalsam und Föhnfrisur. Zuletzt bekleide ich mich ansprechend. Dann warte ich. Bald muss er zurück sein.

Ich höre seine Schritte vor der Tür, das Knacken des Schlüssels im Schloss. Noch ein paar Sekunden, und er wird hereinkommen. Er wird sein Gepäck abstellen, mich erblicken und sich auf mich stürzen. Er wird mir in hemmungsloser Begierde alle Kleider vom Leib reißen. (Die Kinder schlafen natürlich schon.) Wir werden ein unvergessliches Feuerwerk der Sinne abfackeln.

Oder wird es weniger leidenschaftlich sein? Er wird das Gepäck abstellen und in die Küche trotten. Er wird Hunger haben. Danach wird er auf dem Sofa sitzen und alle Augen und Sinne auf mich richten. Es wird sich gelohnt haben, dass ich mich in Schale geschmissen habe.

Oder wird es noch pragmatischer sein? Er wird das Gepäck abstellen und in die Küche trotten. Er wird wie ein halb verhungerter Wolf über den Kühlschrank herfallen. Dann wird er dringend duschen müssen. Er sei von der Beanspruchung durch eine Horde Teenager sehr verschwitzt. Anschließend wird er entnervt zum Sofa kommen und sagen: »Hallo, Schatz!« Der Tatort wird bereits seit drei Minuten laufen. Er wird sich nicht auf mich stürzen. Er wird mich überhaupt gar nicht wahrnehmen, Aufmachung hin oder her. Er wird todmüde vor dem Fernseher einschlafen, genau wie ich das gewöhnlich aus Erschöpfung tue. Nach zwei bis drei Tagen wird er wieder am Ehehimmel auftauchen, weil er sich ausreichend erholt haben wird.

Wie sich diese Szene dann in Wirklichkeit abgespielt hat, behalte ich sowieso für mich.

Aus Überzeugung, vielleicht auch aus Eitelkeit, ergreife ich ab und an die Gelegenheit, mich aufzubrezeln. Vielleicht frage ich mich mit vierzig, ob ich mich gut gehalten habe? Wer weiß. Nein, Denkfehler, die Midlife-Crisis überspringe ich. Das hat mir eine gute Freundin prophezeit. Frauen, die an den Betten ihrer krebskranken Kinder stehen oder die schwerbehinderten Goldschätze über Jahre pflegen, haben für die Midlifekrise nur ein müdes Lächeln übrig. Eines Tages schwingen sie sich mit Adlerflügeln auf, während die anderen den Zenit ihrer Kraft überschritten haben. Eine schöne Vorstellung hat meine Freundin. Eigentlich muss sie es wissen, sie ist jetzt etwas über fünfzig.

Braucht es Schönheit für die Liebe? Oder macht die Liebe schön? Oder kommt mit dem Alter zur Schönheit die Reife hinzu? Liebe ist kein Automatismus. Liebe ist ein Geschenk. Es soll Frauen geben, die in herausfordernden Situationen von ihren Partnern verlassen werden, weil Männer das nicht aushalten. Umgekehrt wird es nicht anders sein. Dirk ist immer noch da. Er vollbringt, was ich selbst nicht immer zu tun vermag: Er hält mich und es mit mir aus. Wenn ich den Statistiken glaubte, wäre unsere Scheidung unausweichlich. Statistiken bekommen mir selten. Wenn ich auf unsere Beziehung sehe, stelle ich Gebrauchsspuren fest. Jonathans Erkrankung und die damit verbundenen Zwänge rauben uns viel Freude und Leichtigkeit. Verschleiß oder Zusammenschweißen? Jedes Wir bleibt zerbrechlich. Ist es nicht reine Gnade, wenn ein Wir aus Vertrauen, Sicherheit und Geborgenheit besteht? »Loslassen und wiederfinden«, sagte eine Pfarrerin zu mir. Er findet sich beim Sport. Ich finde mich in der Kreativität. Er und ich finden uns im Wir – immer und immer wieder. Das ist das Wunder. Das ist Liebe.

45 OH, WIE SCHÖN IST DEUTSCHLAND

Dirk kommt müde und krank von der Arbeit, muss aber gleich wieder an die Erstattungsanträge für die Krankenkasse. Es sind zu viele hohe Rechnungen aus der Klinik fällig. Wenn wir in einem anderen Land lebten, wären wir bis über beide Ohren verschuldet. Oder Jonathan wäre an einer Infektion gestorben. Ein großes Lob auf unser solidarisches Gesundheitssystem!

Parallel zu Dirk trifft auch der Brief vom medizinischen Dienst ein. Halleluja! Hurra! Jonathan kehrt zu Pflegestufe drei zurück, wo er schon die zwölf Monate während und nach der Chemotherapie war! Mehr noch: Wir erhalten monatlich weitere 200 Euro *zusätzliche Betreuungsleistung bei erheblichem Betreuungsbedarf*. Dieses Geld kann ausschließlich für häusliche Pflege oder für Kurzzeitpflege in einer Einrichtung eingesetzt werden. Mein Herz macht Luftsprünge vor Erleichterung! Ich könnte den Kinästhetik-Kurs belegen oder einfach nur ausruhen.

Ich male mir aus, wie ich mit Matthea für ein Wochenende in einen Kurzurlaub fahre, irgendwohin, nur wir beiden Frauen. Das wäre doch etwas! Dirk kann dann in aller Ruhe seine Gottesdienste vorbereiten und sich sonntagnachmittags auf sein geliebtes Mountainbike schwingen. Vielleicht wäre auch ein kreativer Workshop drin? Steppen wollte ich schon immer, in schwarzem Anzug, mit Stock und Zylinder, zu Frank Sinatra: *New York, New York!* Oder Jodeln für Anfängerinnen!

Gleich am Montagmorgen machen wir uns an die Organisationsarbeit. Dirk sitzt an den Formularen und ich rufe in Pflegeheimen an. Nachdem ich kurz unsere Situation und Jonathans Gesundheitszustand erläutert habe, erhalte ich eine klare Absage. »Das Haus ist ein Altbau und wird gerade umgestaltet. Für Rollifahrer ist überhaupt gar keine Möglichkeit vorhanden. Wenn der Umbau ohne Zwischenfälle verläuft, kann ab 2014 vielleicht mit Plätzen gerechnet werden. Wenn Sie mir Ihre Adresse hinterlassen, schicke ich Ihnen die Anmeldeformulare zu. Außerdem leite ich Ihre Telefonnummer an Frau Soundso von der Abteilung für häusliche Pflege weiter.« Nein! Nein! Nein! Jetzt haben wir endlich die finanziellen Mittel, jetzt können wir sie nicht nutzen, wie wir wollen! Kein freies Wochenende, wenig Erholung, und wenn ich an die sechs Wochen Sommerferien denke, wird mir sowieso übel. Stopp! Cool bleiben, realistisch denken, langfristig planen. Dirk hat drei Wochen Sommerurlaub. Wenn seine Eltern die Kinder nehmen, können wir wie bislang jedes Jahr sechs Tage in die Schweiz zum Wandern fahren. Dirk ist dann noch zwei Wochen zu Hause. Wenn meine Eltern Jonathan eine Woche nehmen, bleiben nur noch zwei übrig, die ich allein bewältigen muss. Das müsste zu schaffen sein mit diversen Freundinnen und Betreuerinnen.

Hartnäckig muss Mann sein, nie aufgeben. Dirk recherchiert im Internet. Altersheime bieten ebenfalls Kurzzeitpflege an. Meinen achtjährigen Gauner in eine Residenz mit älteren Menschen stecken? Er würde den Laden aufmischen und für Abwechslung beim Personal sorgen! Aber das bringen wir beide nicht übers Herz! Denn er wird zu Recht fragen, was er da soll und was seine Schwester macht. Erst wenn seine geistige Wahrnehmungsfähigkeit so abgenommen hat, dass er sich seiner Schwäche nicht mehr bewusst ist, ziehen wir das in Erwägung. In diesem Punkt sind wir uns sofort einig. Ich telefoniere diverse soziale Unterstützungsmöglichkeiten durch. Dirk wird im Netz fündig. In der Nähe von Ravensburg gibt es genau das, was wir brauchen. Die Einrichtung bietet Themenwochenenden und Ferienprogramme und auch Kurzzeitpflege für schwer- und mehrfachbehinderte Kinder an. Einfache Fahrtzeit: zweieinhalb Stunden. Das klingt gut. Dirk druckt alles aus, auf dem Anrufbeantworter wird versprochen, man rufe uns zurück. Nein, komme was wolle, wir werden jeden Cent des erweiterten Pflegegeldes zum Einsatz bringen!

Aufreibend und anstrengend ist die detaillierte Planung jeder Kalenderwoche. Sie kostet uns den wertvollen Montagmorgen unserer gemeinsamen Zeit, die bereits durch die zwei Konfirmanden-Wochenenden erbärmlich schrumpfen musste. Wie lange halten wir das als Paar noch durch? Ich bin froh und dankbar für die Entlastungsmöglichkeiten! Dankbar bin ich auch über Dirks Vorgesetzte, die ihre Fürsorgepflichten ernst nehmen. Nach der Chemotherapie bekam Dirk für eine begrenzte Zeit zwei Stunden Religionsunterricht erlassen. Ganz selbstverständlich wird er wegen unserer dauerhaften Extremsituation in der Familie ab und zu von Pflichtveranstaltungen entbunden.

Zuletzt prüft Dirk die Angebote der nächstgelegenen Lebenshilfe. Ab und zu haben wir Jonathan zu einem sogenannten FuD-Tag, einem Familien unterstützenden Samstag oder

Ferientag, dorthin gebracht. Ganz unter seinesgleichen, mit liebevollen Betreuern, ist er dort richtig aufgeblüht! Im Prospekt liest Dirk: *Betreuungstage mit oder ohne Übernachtung möglich, auch Kurzzeitpflege, selbst kurzfristig in unserer Wohn-WG, nach Abrechnung über Verhinderungspflege, Pflegeergänzungsleistungen, Pflegegeld.* Warum hat uns das keiner gesagt? Oder waren wir blind, als wir die uns zugeschickte Broschüre auf für uns Brauchbares durchforsteten? Unter diesen neuen Umständen könnte ich sogar zehn Tage ernsthaft krank werden, ohne mir über Jonathans Versorgung den Kopf zerbrechen zu müssen! Oh, wie schön ist Deutschland!

Wir nehmen Kontakt zu einer Sozialstation auf. Als uns die Leiterin zu Hause besucht, erfahren wir, dass neben Pflege auch hauswirtschaftliche Leistungen in Anspruch genommen werden können. Zwei Mal pro Woche übernimmt eine fröhliche Pflegerin die »große Toilette« von Jonathan. Außerdem bügelt sie die Wäsche und hilft beim Putzen. Das wird anteilig als Sachleistung vom Pflegegeld abgezogen. Das Budget reicht auf jeden Fall. Das Beste daran ist, wie sie Jonathan gleich ins Herz schließt! Ansonsten hat sie nur ältere Menschen auf ihrer Tour. Oh, wie schön ist Deutschland!

Der Sachbearbeiter unserer privaten Kranken- und Pflegeversicherung erweist sich als wohlwollend. Wenn Jonathan wieder krank wird, erhalten wir zehn Stunden medizinische Behandlungspflege wöchentlich. Dies gilt nur für akute Fälle. Eine Kinderkrankenschwester kommt dann zu Jonathan nach Hause, sodass ich die nötigsten Erledigungen außer Haus tätigen kann. Oh, wie schön ist Deutschland!

46 VON »B« NACH »A«

»B« wie beten oder bitten. Vor oder nach Begegnungen, die mich nicht kalt lassen, bete ich besonders inbrünstig. »Eine Akademikerin zu Hause bei den Kindern ist Verschwendung«, verkündet mir eine Schwester im Glauben voller Selbstbewusstsein. Aha! Ich schlucke nicht schlecht. Als Vergeudung würde ich meine Alltagsgestaltung nicht bezeichnen. Allerdings kann ich auch nur bedingt behaupten, dass ich in die deutsche Wirtschaft oder die Zukunft investiere. Akademikerin, Allrounderin, An-vieles-Denkerin hin oder her – alle paar Wochen habe ich wieder mal den Anerkennungskoller. Während sich mein Mann und viele tausend andere Menschen dieser Erde ihren Begabungen gemäß entfalten und verwirklichen, sitze ich mindestens ein Jahrzehnt meines Lebens hier und behebe diverse Kot-Aktionen, kleide an, ziehe um, wasche, koche, telefoniere, sticke Dinosaurier aus und spiele Uno extrem. All das ohne Perspektive auf Karriere, Gehaltserhöhungen, Auszeichnungen, Titel oder Ansehen. Akt besonderer Demut? Nein, demütig fühle ich mich selten. Akt menschlicher Selbsterkenntnis: Ich sehne mich nach Zuwendung, Wahrnehmung und Anteilnahme. Wer vermag es, immer sein eigener Star zu sein?

Alternative: Zeit für ein neues Lebensgefühl. Ich gehe zum Sport, Spinning mit dem schönen Steffe. Auf dem Hinweg bete ich: »Heute muss noch etwas passieren! Abwechslung, Aufmunterung, Anfeuerung, bitte!« Die Klickschuhe für die Pedale habe ich zu Hause vergessen. Super! Doch Tom steht noch im Foyer und reserviert mir das Fahrrad neben sich. Alles im Lot. Mit Tom kam ich vor einigen Monaten ins Gespräch, weil er die Musik für die Stunde zusammengestellt hatte. Alles, was ich vor zwanzig Jahren als pubertierender Teenager geliebt hatte: Heavy Metal und Rock. »Du hast einen guten Geschmack!«, bemerkte ich. Er grinste. *Guns N' Roses* sangen nebenher: *There's a heaven above you, baby.* An einem Abend fragte ich, ob er sportlich etwas Größeres vorhabe, er sähe so aus. »Im April fliege ich mit meiner Frau nach Südafrika zum Ironman. Ich will die Distanz im Meer schwimmen.« Ah, ein echter Ironman! Genau so einem hatte ich schon immer begegnen wollen! Blöd von mir, zu fragen, was sein Tattoo auf der Wade, rotes I und M übereinander, in Großbuchstaben und mit schwarzer Umrandung, bedeutet. Ironman – was sonst?!

Wir fahren in drei Gruppen nach Alter oder Vitalitätsempfinden. Ich bin das Nesthäkchen, das heißt, an diesem Abend die einzige unter vierzig. Deshalb muss ich im Vergleich zu den anderen Bikern dreimal so viel im Stehen fahren, und zwar allein. Aufmerksamkeit erhalte ich durch die Aktion, wenn auch unfreiwillig. Als ich verschwitzt und abgekämpft aus der Doppelstunde komme, sitzt eine ältere Fahrradfahrerin bereits entspannt vor ihrem Spind und betreibt Körperpflege in großem Stil. »Du siehst so jung aus! Viel jünger als Mitte dreißig! Ehrlich jetzt!«, strahlt sie mich an. Angenehm!

Amüsement und Aufheiterung. Am Tresen sitzt Tom und bekommt soeben seinen Espresso serviert. Ob ich auch einen will? Er lädt mich ein. »Lieber nicht, sonst stehe ich heute Nacht im Bett.« Er grinst. Ich könne auch etwas anderes haben. Natürlich würde ich gern mit diesem sympathischen Schweizer plaudern. Abrupt denke ich an meinen Helden, der zu Hause harrt, damit ich Auslauf habe. »Ein andermal vielleicht, ich werde erwartet«, sprudelt es aus mir hervor. »Dann hoffe ich, dass deine Erwartung nicht enttäuscht wird!« Ich wusste es. Der ist richtig nett! »Wenn ich nicht erwartet werde, bleibe ich das nächste Mal hier und tanze auf diesem Tisch!«, werfe ich unüberlegt in den Raum. Alle lachen. Ausgerechnet an diesem Abend werde ich nicht erwartet. Absolut entnervt sitzt mein Mann auf dem Sofa: »Die Kinder sind wieder einmal total überdreht. Ich hatte keine fünf Minuten für mich.« Hoffentlich kommt im Fitnessstudio keiner auf mein gedankenloses Geplapper zurück!

Auf meinen neuen Winterschuhen entdecke ich eine kleine Karte meines Liebsten: »Es gibt viele tüchtige Frauen, doch du übertriffst sie alle!«[40] Angenehm!

»A« wie Aufheller – jeder Mensch braucht sie von Zeit zu Zeit, selbst die Tapfersten und Selbstbewusstesten. All inclusive bekomme ich die bei meinem Gesangscoach Leonie, von »Du machst im Gesang große Sprünge« über »Du bist eine schöne Frau« zu »Von dir lese ich immer gern«. Was für ein Luxus! Meine französische Freundin sucht in Frankreich meinen Lieblingstee, *réglisse menthe*. Wenn er nicht im Sortiment ist, findet sie Bonbons derselben Geschmacksrichtung für mich. Eine andere Freundin steckt mir im Kindergarten Schokolade mit Mut-Message in Mattheas Postfach. An verschneiten Winterabenden genieße ich mit einer Bekannten Kirchenkonzerte. Außerdem war es eine gute Idee, per Mail zu verkünden, dass ich mich manchmal von allen guten Geistern verlassen fühle. Als Ausgleich gönne ich mir deshalb manchmal *Gute Geister in Nuss*. So erhalte ich prompt zwei Packungen Pralinen, eine per Post, eine per pedes.

Auffallend oft erhalte ich im richtigen Moment Geschenke, Postkarten oder E-Mails mit guten Worten und allem voran: »Schön, dass es dich gibt!« Blumen fliegen mir hin und wieder zu. Eine wildfremde Frau bewundert auf der Straße meine Gummistiefel. »Nein, die sind nicht vom Designer, die gibt es für ein paar Euro im Schuhhaus M.« Im Winter erinnert mich jede Schneeflocke des Himmels an die Einzigartigkeit jedes Menschen. Schöner Augenblick der einfachsten Art: Hackfleisch im Sonderangebot, wenn ich seit dem Aufstehen an Spaghetti Bolognese denken muss!

»B« wie Bitte. *Bittet, und ihr werdet erhalten. Sucht, und ihr werdet finden. Klopft an, und die Tür wird euch geöffnet werden.*[41]

47 VOM DAZWISCHEN

Was wäre gewesen, wenn …? Wenn die Jünger Jesu besser aufgepasst hätten, wenn sie sich durch die Geschehnisse an Karfreitag nicht dermaßen hätten entmutigen lassen?! Bereits vor der Kreuzigung und der Auferstehung hatte Jesus ihnen alles verheißen, was geschehen musste: *Schon sehr bald werdet ihr mich nicht mehr sehen. Dann, nach einer weiteren kurzen Zeit, werdet ihr mich wieder sehen.*[42] Blind oder taub? Hatten sie diese Worte nicht begriffen? Oder warum konnten sie sich in der dunkelsten Stunde der Weltgeschichte nicht an Jesu Aussagen festhalten? Warum konnten sie, die Wochen, Monate oder Jahre hautnah an Jesu Seite unterwegs gewesen waren, die vergleichsweise wenigen Stunden nicht im Glauben überbrücken? Warum gelang es ihnen nicht, die hohe, aber kurze Spannung zu ertragen? Hätten wir nicht mehr von ihnen erwartet? Vorbildliche Glaubenshelden in zuversichtlicher Tapferkeit. Vorzeigechristen aus Erfahrung. Stattdessen Frust, Enttäuschung, Verzagtheit, das Gefühl von Niederlage, vielleicht sogar Versagen? *Nach einer kurzen Zeit werdet ihr mich wieder sehen.* Das Futur – werden – verläuft im Sand. Die Restaussage schrumpft in vernichtend kleine Erinnerungsschimmer. Verwirrung. Angst. Traurigkeit, wie sie Jesus vorhergesehen hatte. *Ihr werdet trauern, doch eure Trauer wird sich von einem Augenblick zum anderen in große Freude verwandeln.*[43] Ihr Gefühlschaos wird beim Namen genannt, und zwar dort, wo die Jünger nichts verstehen. Jesus kennt seine Freunde durch und durch. Nicht umsonst nannte er sie alle beim Namen, als er sie in seine Nachfolge rief. Höhen und Tiefen sind hier natürlich inbegriffen. Das Menschliche – eingeflochten in die großen Geschichten der Evangelisten, in die unzähligen Augenblicke eines jeden Lebens. Schwarz auf weiß steht im Johannesevangelium etwas über die Selbstverständlichkeit, traurig sein zu dürfen – trotz allen Wissens, trotz der Erfahrung und trotz des Glaubens an die verheißene Ewigkeit. Jesus selbst gesteht es den Jüngern zu. Er gesteht es uns zu: fallen dürfen. Die Krise ist einkalkuliert in das, was sich als Heilsplan entpuppt. Was für ein menschlicher und barmherziger Gott!

Am besten gefällt mir jedoch, dass Jesus nicht beim Mitleid und Verständnis stehen bleibt. Der Meister aller Meister schenkt seinen Freunden ein wunderbares Bild: *Es wird sein wie bei einer Frau in den Wehen.*[44] Was ist, wenn sich unsere Wirklichkeit auf dieser Erde nur als Wehen, als eine schmerzhafte Geburt darstellt? Was ist, wenn wir das Glück erst im Himmel spüren? Ich bin überhaupt keine Freundin von Vertröstungen auf das Jenseits, schließlich lebe ich jetzt! Hier Bedrängnis und Trübsal, dort Jubel und Freude? Gott sei Dank gibt es auf diese leise mitschwingende Klage eine Antwort: *Wenn es so weit ist, werdet ihr mich um nichts mehr bitten müssen.*[45] Um nichts mehr bitten müssen, weil wir unsere Fragen direkt von Gott beantwortet bekommen. Das hört sich gut an. Irgendwann ist kein Zeitpunkt für Ungeduldige.

In dieser Gelassenheit Frieden zu finden, wäre schon wieder ein Wunder. Ich versuche, es folgendermaßen zu denken: Hier bleiben viele Fragen zu Recht offen. Damit müssen wir leben. Dieser Vers hat etwas mit einer Begegnung zu tun. Will ich den Draht zum Höchsten aufnehmen? Oder bevorzuge ich schnelle, plausible Antworten? Sehne ich mich nach dem Wiedersehen, der göttlichen Gegenwart, die sich mir im Gebet öffnet? Ich kann und will dir im Dazwischen begegnen, Jesus!

Es ist anstrengend und manchmal sehr traurig, das Dazwischen. Dümpeln und klagen, sorgen, sich plagen, Fragen, Fragen, Fragen. Ich muss den Kinderarzt über die neurodegenerative Erkrankung informieren. Ein sachlicher Arztbericht ersetzt kein Gespräch im Vertrauen. Eines Tages werde ich einen ansprechbaren Fachmann vor Ort brauchen. Hat er bereits einen seiner Patienten bis zum Ende begleitet? Nein, aber mit dem, was er kann und weiß, steht er uns gern zur Seite. Das sagt er mit Tränen des Schmerzes in den Augen. Allein dafür schätze ich ihn! Ich muss mich mit den Onkologen kurzschließen. Wie viel Nachsorge in der Klinik benötigen wir noch, wenn wir, sollte der Krebs wieder auftreten, von weiteren Chemotherapien absehen? Reichen ein MRT und eine Ultraschalluntersuchung der Lymphen pro Jahr aus? Das würde uns viel Zeit und Kraft ersparen, die wir ohnehin selten im Überfluss haben. Wer bietet palliative Begleitung für Kinder an? Dürfen wir uns ein Team aussuchen? Für den Fall, dass ich die Wahl habe, möchte ich in dieser Phase lieber auf die Ärzte und das Pflegepersonal der Kinderkrebsstation zurückkommen als auf fremde Fachkräfte aus der Neurologie. Die uns betreuende Ärztin darf diese Fragen nicht allein klären. Sie muss erst Rücksprache mit dem verantwortlichen Leiter des Fachbereichs halten. Das verstehe ich. Momentan fehlen die Finanzen für palliative Maßnahmen, die über das Medizinische hinausgehen. Dieser Zweig muss erst aufgebaut werden. Möglicherweise dürfen wir die in der Onkologie engagierten Menschen in Anspruch nehmen. Vielleicht wird das Palliativ-Team für Kinder ohnehin stationsübergreifend einsetzbar, da es immer noch freiwillig und unentgeltlich arbeitet. Es spielt keine Rolle, wie schnell ich auf den neusten Stand der Möglichkeiten gebracht werde. Wir haben noch Zeit. Mit meinen feinen Antennen entgeht mir allerdings auch keine Veränderung an Jonathan. An manchen Tagen habe ich das Gefühl, ich kann zusehen, wie er abbaut. Wo gibt es ein Hospiz für Kinder?

Wie schwer es auch fällt, diese Wege wollen nun gegangen sein. Alles erfordert durchdachte Vorbereitungen. Nichts regelt sich von selbst. Je unvorhersehbarer sich Ereignisse überschlagen, desto überwältigender überfordert es meine kleine Seele, lehrt mich die Erfahrung. Deshalb kann und will ich es nicht dem Zufall überlassen, wer uns beisteht. *Palliativmedizin* – natürlich könnte ich den Fachbegriff erläutern. Vorstellen kann ich mir darunter allerdings nur wenig oder viel zu viel. Was ich nicht weiß, macht mich nicht heiß. Dieser salopp formulierte Satz wäre in manchen Stunden zu schön. Nach erschöpfenden Telefonaten, Gesprächen und der ganzen Organisation läuft mein Gehirn mit seiner blühenden Fantasie auf Hochtouren. Ich finde den Schalter zur Beendigung meiner Horrorfilme nicht. Auch das macht mein Dazwischen aus. Wie lange noch? Wie wird das Ende sein? Wird Jonathan viel leiden müssen? Wie wird es uns als Restfamilie gehen? Was ist das Beste für Matthea? Kann ich sie wahrnehmen und auffangen, oder habe ich mit mir mehr als genug zu tun? Wie überlebt eine Mutter einen solchen Abschiedsschmerz? Stopp! *Ihr werdet trauern, doch …* [46]

Selbst die Jünger, diese Privilegierten mit der denkbar besten Startposition, haben den Tod Jesu nicht ohne Ängste bewältigt. Wie beruhigend! »All inclusive« im Sinne von: Alles ist einbezogen in eine höhere, geheimnisvolle Sinnhaftigkeit, eingewebt in den schönsten Lebensteppich, den wir hier nur von unten sehen. Fallen müssen bedeutet gleichzeitig wachsen dürfen:

Die Jünger durchlaufen einen inneren Prozess. Der Karfreitag stellt den Tiefpunkt dar. Karsamstag verdeutlicht, was für eine Zumutung das Dazwischen sein kann. Der Ostersonntag verkündet den Durchbruch der Auferstehung in eine unsagbar glückliche Weite. Genau das gehört eben auch zum Dazwischen: die Verlässlichkeit von Trauer und Freude, von Einsamkeit und Gemeinschaft. Und schließlich die Verlässlichkeit jeder biblischen Verheißung: *Doch eure Trauer wird sich von einem Augenblick zum anderen in große Freude verwandeln.*[47]

Wimmelt es nicht nur so von inneren und äußeren Widersprüchen, dieses zerbrechlich-einzigartige Leben? Ich begegne dir, Jesus, und fühle mich in meiner tiefen Sprachlosigkeit unendlich geborgen. Vielleicht fragst du mich in diesem Augenblick: »Was wäre, wenn?« Wenn ich heute leben könnte, als würde mir der Himmel schon jetzt offen stehen? Wenn ich meine Befindlichkeiten mehr und mehr akzeptieren würde, weil ich im Blick auf das leere Grab den Auferstandenen erkenne? Wenn ich mich einmal mehr dir hingäbe, weil ich erlebt habe, wie deine Verheißung zu meiner Wirklichkeit wird? Ach, was wäre nicht alles, wenn …?

8 KINÄSTHETIK-KURS

Unsere Perle von der Sozialstation kommt wie jeden Dienstagnachmittag zu uns nach Hause, um Jonathan zu baden. Heute hat sie eine Überraschung dabei: Ein Faltblatt, das Informationen über einen Kinästhetik-Kurs enthält. Mit diesem Tipp trifft sie voll ins Schwarze. Der Kurs ist nicht nur für pflegende Angehörige mit ihren Patienten konzipiert, sondern findet auch noch an Dirks Urlaubswochenende nach Ostern statt! *Learning by doing* am lebenden Objekt. Das ist stark! Sofort melden wir uns an. Wir dürfen nicht nur den Rollstuhlchampion, sondern auch die kleine große Schwester mitbringen. Perfekt!

In den Räumlichkeiten eines evangelischen Altenpflegeheims tummelt sich eine bunte Gruppe von Menschen mit chronischen Erkrankungen. Jonathan ist mit Abstand der Jüngste. Ein großer vollbärtiger Apotheker heißt uns herzlich willkommen. Zusammen mit dem Pflegeberater seiner Apotheke hat er den Kurs in unserer Nähe organisiert. Die leitende Fachkraft

Heidi, eine Schweizerin Anfang fünfzig, macht von Anfang an einen sehr kompetenten Eindruck. Den Grund, warum sie sich mit viel Ehrgeiz in die Materie eingearbeitet hat, verrät sie gern. Ihr Mann ist *Tetraplegiker*, seine Arme und Beine sind gelähmt. Mit ihm probiert sie seit Jahren alle Übungen aus und optimiert diese nach Bedarf. Wenn sie nicht beruflich unterwegs ist, pflegt sie ihn ganz allein. Ich bin sehr beeindruckt. Wie viel er in Proportion zu ihr wohl wiegt?

Zuerst sitzen wir auf unseren Stühlen und erkunden verschiedene Möglichkeiten, uns zu erheben und wieder zu setzen. Dabei machen wir uns die eigenen Bewegungsabläufe bewusst. Verwende ich die Hände oder stehe ich vollkommen frei auf? Rolle ich seitlich über die Stuhllehne und stütze mich mit den Händen ab, oder nehme ich Hüfte und Po zu Hilfe? Theoretisch habe ich zwei Arme, zwei Gesäßhälften und zwei Beine zur Verfügung! Spannend ist das. Der Pflegeberater ergänzt, dass man von Kleinkindern im Gehlernalter am meisten lernen könne. Denn die bewegen sich noch mit so wenig Kraftaufwand wie möglich und genau darum geht es. Ich ziehe, schiebe oder drücke nicht, sondern bewege mich mit dem Pflegebedürftigen. Die Prinzipien leuchten ein. Die Umsetzung dagegen erweist sich als kniffelig. Auf jeden Fall spüre ich ab jetzt immer sofort, wenn ich etwas falsch mache!

Wenn ich Jonathan über die Schulter lege, kann ich ihn zwar von meinem Oberschenkel aus aufwärts drehen, allerdings sacken seine Beine weg, und dann hängt er mir um den Hals. Mir fährt es in den Rücken. Mit gesunden Menschen sind die Übungen einfach, weil sie intuitiv mitmachen. Genau deshalb konzentrieren wir uns in den zwei Tagen nicht auf alle Grundlagen, sondern auf unsere individuell sehr unterschiedlichen Bedürfnisse. Besonders beliebt ist das Lagern und Umsetzen vom Bett in den Rollstuhl oder vom Rollstuhl auf eine andere Sitzmöglichkeit. Ich benötige noch den Transport vom Boden zum Sofa. Schließlich soll Jonathan so lange und so viel er kann auf dem Boden unserer Wohnung krabbeln. Nach einer guten Stunde gibt es bereits die erste Pause. »Bewegung ist komplex«, sagt der Pflegeberater. Allerdings, das ist mir zuvor gar nicht bewusst gewesen. Schon jetzt dröhnt mein Kopf von neuen Informationen, während ich mich frage, wie ich das alles konkret anstelle.

Matthea hat ihr rosafarbenes Reiseköfferchen mit Spielen und Kuscheltieren gepackt. Der sympathische Apotheker findet große Freude daran, sich mit ihr zu beschäftigen. Er spiele so gern und zu Hause habe er keinen, der mitspielt, gesteht er mir. Zuerst stellt sie ihre drei – ebenfalls rosafarbenen – Einhörner Annabell, Isabell und Sarah vor, die natürlich eine Familie sind. Dann erzählt sie ohne Punkt und Komma vom Kamel, dem Affen und warum wer Pfannkuchen essen darf und, und, und. Wie schön, dass sich pausenlos jemand ihrer annimmt. Genau so hatte ich das erhofft.

Dirk und ich wechseln uns mit Jonathan ab. Längst steht ein Krankenbett mitten im Stuhlkreis. Jonathan fährt mit dem Rolli an das Bettgestell und zack-zack, zwei kleine, gekonnte Handgriffe, und er liegt im Bett, dasselbe in die Gegenrichtung. Wow! Der Frechdachs kugelt sich hin und her, denn er darf mitmachen und genießt die gesammelte Aufmerksamkeit. Heidi gefällt ihm. Das habe ich mir gleich gedacht. Sobald ich das Umlagern nachmachen soll, scheitere ich an meinen vor Kurzem noch so klaren Vorstellungen. Wie war das gleich? Wo soll ich anpacken? Be- und entlasten, eben klang das noch logisch! Wie bewege ich mich günstig, damit er in Bewegung kommt? Natürlich nutzt der Schlingel meine Schwäche, um »Aua, aua!« zu schreien. Bei den Eltern macht alles weit weniger Spaß. Warum sollte er jetzt ebenso motiviert mitarbeiten? »Jonathan, wenn du das allein kannst, bekommst du von mir so ein großes Eis!« Ich forme mit den Armen eine gigantische Eistüte nach, wieder einmal mehr spontan als bedacht. Alle lachen. Jonathans Gesicht strahlt auf. Mist, das war wirklich unpädagogisch! Aber Belohnungen sind und bleiben ausgesprochen wirkungsvoll! Der Transfer von Rollstuhl zu Bett und wieder zurück wird künftig mit etwas Übung keine Mühe mehr bereiten! Nun fehlt noch die Aufwärtsbewegung vom Boden in den Rollstuhl. Die Spezialisten legen sich Jonathans Beine über die Knie, setzen sich irgendwie auf die Ferse ihres anderen Beines und drehen sich im Halbradius elegant nach oben. Hoch, zurück, hoch, zurück, es sieht aus wie ein Kinderspiel. »Etagenaufzug!«, lautet Heidis Stichwort. Jonathan gackert vor Vergnügen. Leider hat Jonathan fast keine Rumpfmuskulatur mehr und sackt ohne Stütze bereits in meinem Schoß in sich zusammen. Wie soll ich sitzen, ihn halten und mich gleichzeitig mit ihm aufrichten? Liegt es an meinen vergleichsweise kurzen Armen und Beinen, an mangelnder Kraft oder am fehlenden Durchblick? Am zweiten Tag hat Dirk die Bewegung raus. Das ist super! Bedeutet das nie wieder Rückenschmerzen für ihn? Mir dagegen fährt es in den rechten Oberschenkel. »Das dauert!«, tröstet mich der nette Berater. »Ich habe diesen Dreh erst nach dem fünften Modul Kinästhetik beherrscht.« Eine Broschüre mit vielen anschaulichen Bildern erhalten wir auch. Am allerbesten jedoch ist die Tatsache, dass der nette Pflegeberater so oft und so lange wir wollen zu uns nach Hause kommt. Als Ausbilder für Kinästhetische Mobilisation leitet er dort an, wo sich der Patient am häufigsten aufhält, und zwar genau die Abläufe, die in der jeweiligen Phase gerade benötigt werden. Bezahlbar ist das Ganze auch noch. Ich bin begeistert! *Menschen bewegen – Perspektiven geben* steht auf dem Deckblatt der Kursunterlagen. Mit viel Geduld und Übung könnte ich mir alle Kenntnisse aneignen und Jonathan – unabhängig von seinem Gewicht – wesentlich selbstständiger pflegen. *Yes, we can*!

Am Montagmorgen nach dem Kurs ruft mich die Onkologin aus der Klinik an. Sie habe mit den Hauptverantwortlichen der Station gesprochen. Da wir Jonathan regelmäßig in der

Neurologie und Immunologie vorstellen und uns bei onkologischen Auffälligkeiten umgehend melden, kann von allen weiteren Nachsorgeuntersuchungen abgesehen werden! Wegen eines entsprechenden Palliativteams meldet sie sich noch einmal. Mir fallen noch mehr Steine vom Herzen.

49 PSYCHO? – LOGISCH!

Natürlich raten mir viele Menschen, einen Psychologen aufzusuchen oder zum Psychiater zu gehen. Das ist in Anbetracht der Tatsache, dass die meisten meinen Fragen und Klagen gegenüber ohnmächtig und überfordert reagieren, die beste und schnellste Lösung. Funktioniert unsere Gesellschaft auf diese Weise? Problem definieren – lösen – weiter im Text?! Was können wir überhaupt noch aushalten? Gibt es noch Menschen auf dieser Welt, in deren Nähe eine erschütterte Mutter einfach weinen darf? Erkennt jemand diesen Schmerz an, ohne zu verurteilen oder an Fachleute zu verweisen? Anders gefragt: Wem kann ich mich überhaupt zumuten? Wer hat Verständnis für diese Situation? Ich wünschte mir nur eine anteilnehmende Antwort: »Ja, es ist hart. Ja, es ist schwer. Trauer fühlt sich auch einsam an, aber du bist nicht allein.« Wer vermag die Tiefe und die Intensität meiner Gefühlswelt auszumessen und einzuteilen? Vielleicht macht mich gerade das aus, himmelhoch jauchzend, zu Tode betrübt?! »Das gehört zu dir. Ich kenne dich nun seit Jahren«, umarmt mich eine Freundin, deren erstes Kind im Alter von wenigen Monaten starb. Sie weiß, wie sich Trauer anfühlt. Wann wird Traurigkeit krankhaft?

Natürlich suche ich mir eines Tages eine Begleitung. Spätestens, als Jonathan häufiger vor Schmerzen weint, über seine Krankheit hadert oder aus Wut schimpft und Bauklötze um sich wirft, halte ich es kaum noch aus. Ich muss das nicht allein schaffen. Gott sei Dank! Wie sehr wünsche ich mir einen Raum, in dem ich über meine Gedanken reden kann und keine Sorgen haben muss, nicht ertragen zu werden. Trauern will gelernt sein, stelle ich fest. Im Alltag bleibt wenig Zeit dafür. Für die Außenwelt ist unser Schicksal bald normal, nach dem Motto: »Das ist eben so.« Als könnte die Seele, dieser zarte Seismograf, das pragmatisch abwickeln und ad acta legen. Als gäbe es einen inneren Schalter, der sich auf Annahme und Zuversicht umlegen lässt, sofern das Richtige getan wird. Als wäre das, was das Leben wirklich ausmacht – Liebe, Sinnlichkeit, Glück, Erfüllung –, immer abrufbar. Ich ringe darum. Manchmal siege, manchmal falle ich. Wird es leichter, wenn ich meine Trauer ausspreche? Wie lange kann ich mich selbst trösten? Wann begegnest du mir, Gott, und wischst alle Tränen ab? In dieser Lebensphase werde ich auf die Probe gestellt und verwandelt. Die Erschütterungen führen dazu, dass ich vieles anders bewerte oder umbenenne und mich dadurch verändere. Wer ich nach Jonathans Tod sein werde, kann ich weder erahnen noch vorhersehen.

Heute sitze ich im Wartezimmer eines Nervenarztes und komme mir reichlich seltsam vor. Die anderen Patienten wirken normal oder ausgeglichen. Mein Blick schweift unruhig im Zimmer umher. Die Artikel in den ausliegenden Zeitschriften finde ich interessant. *Wie ich meine Narben lieben lernte,* lautet ein Titel. Vier Frauen berichten von tragischen Unfällen, die ihre Körper in irgendeiner Form entstellt haben. Mittlerweile empfinden sie Stolz und Stärke, wo zuvor Stigma und Scham geherrscht haben. Im Anschluss an die persönlichen Geschichten schreibt eine Psychologin etwas über die Narben der Seele, die sich zur Schönheit veredeln. Wie wird das bei mir in zehn oder zwanzig Jahren sein?

Der Arzt grinst freundlich unter seinem Bart hervor. Was er für mich tun kann, will er wissen. Genau kann ich das gar nicht sagen. Eine medizinische Anlaufstelle für alle Fälle vielleicht?! Ich erzähle und weine und bin gleichzeitig unendlich wütend auf mein Schicksal. Er holt mich dort ab, wo ich stehe. »Haben Sie die Dokumentation über vier Schicksale junger Männer in den Kriegsjahren von 1939–1945 im Fernsehen mitbekommen? Jahrelanges Leben im Extrem verändert. Was Sie beschreiben, ist normal. Bei schweren Schicksalen geben wir keine Medikamente. Sehen Sie zu, wie Sie das bewältigen. Sie haben auch psychische Stärken!« Innerlich klappt mir die Kinnlade weit nach unten. »Aha!« Der Fachmann hält mich nicht für verrückt. Das macht Mut! Meine Empfindungen sind im Verhältnis zu meinen existenziellen Herausforderungen im grünen Bereich. Das erleichtert mich! Ja, ich darf wiederkommen, wenn es mir sehr schlecht geht. Wenn ich meinen Alltag nicht mehr bewältigen kann, erhalte ich binnen vierundzwanzig Stunden einen Termin, sofern die Praxis geöffnet ist. Das hört sich gut an! Hat er übertrieben, mein Leben mit dem Leben im Zweiten Weltkrieg zu vergleichen? Das spielt keine Rolle. Ich fühle mich ernst genommen und entscheide mich, ihm zu vertrauen.

Manchmal fühlt sich mein Leben wie eine große Wunde an. Nichts ist gut. Und es ist sehr gut, dass nichts gut ist. Vielleicht ist das in meiner Situation gesund und normal? Vielleicht muss ich das gar nicht bewerten, darf an diesen Tagen »gut« und »schlecht« aus meinem Wortschatz streichen. Es ist. Es darf sein. Punkt. Meine Gesangslehrerin hat einen Ansatz, der mich aufhorchen lässt: Du lernst, die Energie zu kanalisieren und etwas Wunderbares daraus entstehen zu lassen. Du integrierst den Tod ins Leben, und Singen ist die beste Medizin! Das klingt logisch. Wenn ich mir das in verschiedenen kreativen Formen vor Augen male, wird es nicht nur logisch, sondern auch noch wunderbar.

Gesagt ist leichter als getan. Im Frühjahr 2014 habe ich endgültig keine Kraft mehr. Fünf Wochen verbringe ich in einer Rehabilitationsklinik für Schmerz- und Stresserkrankungen. Dort erlebe ich, wonach ich mich schon seit Langem sehne: Ich muss nichts leisten und werde respektvoll aufgefangen. Sport und Musiktherapie, Einzel- und Gruppengespräche mit kompetenten Psychologen und nicht zuletzt der Austausch mit den Erfahrungen der anderen Patienten führen dazu, dass ich gestärkt aus dieser Zeit gehe. Ich erkenne, wie sehr ich mich selbst verlieren musste, weil ich nur noch funktioniert hatte. Hier stehen mir Menschen mit ähnlichen oder anderen Problemen bei und zeigen Verständnis. Einige weinen sogar mit mir. Auch ich kann andere ermutigen oder mit meiner Fröhlichkeit anstecken. Das gegenseitige Geben und Nehmen richtet uns neu auf. Bereicherung durch die wertvollen Begegnungen und das Zurückfinden zu meinem eigenen Reichtum – genau das brauche ich für den Weg, der vor mir liegt.

50 NACKT

Eines Tages unterhalte ich mich mit einem Bekannten über den nächsten Urlaub. Seine Frau und er sind ebenfalls Bergwanderer. Sofort kommen wir ins Schwärmen über diverse Gipfel und Landschaften. Er liebt es, nach einer ausgiebigen Gipfeltour im Hotel in der Sauna abzuhängen. Zwischen den Saunagängen gewähren die Fensterfronten einen fantastischen Blick auf die Berge! Ich erzähle, dass wir uns auch gern abkühlen, am besten unterwegs. Ein verlockender Bergsee, ein einsamer Wasserfall, da können wir nicht widerstehen! Wenn außer uns keiner da ist, flitzen wir nackt ins kalte Nass! Nackt, das ist sein Stichwort. »Super, du könntest dich doch mal oben ohne fotografieren und auf Facebook ins Netz stellen!« Ausnahmsweise bin ich für einige Sekunden sprachlos. Hört er mich innerlich schlucken? Wie ist der denn unterwegs! Seine bildhübsche blonde Frau gesellt sich in diesem Moment Gott sei Dank zu uns! »Nein, ich werde gewiss keine Nacktfotos ins Netz stellen. An mir ist doch gar nichts dran«, kontere ich mit etwas Verzögerung. »Darum geht es doch gar nicht. Skandal machen als Pfarrfrau, das wäre geil!« Meine Güte! Von was träumt der nachts? Ich will es nicht wissen. »Also weißt du, wenn ich Skandal machen will, dann habe ich dafür ganz andere Mittel!« Hurra, ich behalte das letzte Wort! Wenn er mich jetzt für prüde und spießig hält, bin ich gern prüde und spießig!

Nackt fühle ich mich manchmal tatsächlich. Allerdings ohne Fotos auf Facebook. Vor Kurzem feierte mein derzeitiger Chor sein Sommerfest. Ein pensionierter Lehrer bietet mir den leer gebliebenen Platz am Kopfende der Tafel an. Ein Lehrer – das habe ich sofort gesehen! Schnell erfahre ich, dass er seit eineinhalb Jahren pensioniert ist. Er hat sein Lebenswerk bereits vollbracht. Was ich beruflich mache, will er freundlich wissen. Ich berichte kurz und knackig: Ich pflege unseren Sohn, versorge Haushalt und Kinder und musiziere. Dieser seltsame Blick, die herabsenkende Bewegung seines Kopfes: »Sie waren doch Lehrerin!« Wieder holt mich meine Unsicherheit, dass ich zu Hause bin, ein. Ich frage mich, woher der das weiß. Vielleicht rührt die Vermutung daher, dass in Kirchenchören mindestens die Hälfte der Belegschaft aus Lehrern besteht? Auf einmal fühle ich mich unheimlich nackt. Was soll ich denn sagen? Ich liebe meine Kinder! Ich will Jonathan das bestmögliche Leben auf Erden bieten. Nein, dieser Satz ginge vielleicht schon zu weit. In fröhlich-geselliger Runde gehören keine Schicksalsschläge auf den Tisch, oder? Einem pensionierten Musiklehrer kann ich schlecht von meinen künstlerischen Träumen erzählen. Nackt – was soll man dazu noch sagen? Ich kann mich zu dieser Zeit weder mit einem eigenen Buch noch mit großartigen Auftritten auf die »Das-Gespräch-geht-weiter-Insel« retten. Ich bin durch und durch beschäftigt. Ich komme nicht einmal mehr zu zwei Stunden Üben pro Tag, weil Dirk krank ist. Ob der Lehrer das nachvollziehen kann? Am besten, ich spare mir jegliche weiteren Erklärungsversuche.

Doch nun geschieht etwas Überraschendes! In der Zeitung habe er am Morgen von einem Banker gelesen, der seine Karriere an den Nagel gehängt hat, um in Frankfurt eine Imbissbude zu eröffnen. Das Geschäft läuft. Die Kunden – die meisten selbst Banker – freuen sich über die Auswahl an Soßen mit Namen Dax oder Dow Jones. Der Geschäftsmann überlegt sogar, eine Filiale in England zu gründen. Aha! Ich lächle. Die Story begeistert mich: »Unkonventionelle Ideen und Lösungen, der Mut, eigene Wege zu gehen, haben mich schon immer beeindruckt. Ich bewundere Menschen, die das durchgezogen haben.« Jetzt lächelt der Ex-Pauker. Wie viel hat er wirklich verstanden? »Schade, dass man in Zeitungen fast ausschließlich von den Leuten liest, die Erfolg damit haben. Die anderen gibt es auch, und für die tut es mir leid!«, ergänze ich. Jetzt strahlt er beinahe liebevoll: »Darauf kommt es nicht an. Es kommt darauf an, dass man damit glücklich wird.«

Regelmäßig träume ich davon, dass ich nackt unter der Dusche stehe und die Türe aufgeht oder das Fenster. Alle marschieren vorbei: Freunde, Verwandtschaft, Gemeinde, das halbe Dorf. Ich möchte mich nur noch bedecken, ein Duschvorhang wäre genug. Aber es gibt keinen, nicht einmal ein kleines Handtuch! Wenn ein Mensch jahrelang in einem Extrem lebt, kommt das zum Vorschein, was ihn ausmacht. Die Schwächen ragen spitz heraus, die Stärken und Überlebensstrategien blitzen auf. Wenn ich durch die Straßen gehe, mag mich jemand müde und chronisch erschöpft finden. Er hätte recht. Wenn ich durch die Gassen schlendere, mag mich jemand für stark und widerstandsfähig halten. Er hätte recht.

Nackt bedeutet, nichts mehr vorweisen zu können. Kein Auto, keine Yacht, kein Status-Symbol. Vielleicht nehmen die Menschen unablässig wahr, wie wenig liebenswert ich in meiner Substanz bin, wie gebrochen und überfordert. Vielleicht reicht mir jemand einen Bademantel aus Mitleid oder schließt eben schnell die Tür der Peinlichkeit wegen. Aber vielleicht geschieht das auch nicht. Vielleicht gehört dieses punktuelle Gefühl zu einem jahrelangen, zeitlich nicht absehbaren Prozess.

Nackt bedeutet, nichts mehr beweisen zu müssen, oder anders ausgedrückt: in aller Begrenztheit, dem Schmerz, der Verzweiflung in eine Freiheit durchzustoßen. Jesus bekleidet mich. Es ist ihm egal, was er in meinem Traum unter der Dusche sieht, ob ich toll on the top oder ein einziges Wrack bin. Er deckt mich zu. Er umarmt mich, wo immer ich bin. *Denn getrennt von mir könnt ihr nichts tun.*[48] Das ist die Wahrheit, auf die ich mich verlassen kann und will. Bei Gott bin ich geborgen und geschützt wie in einer Burg.

Ob der Bekannte mit seinem Skandal-Foto-Vorschlag das versteht? Möglicherweise fände er den paradiesischen Zustand, in dem Frauen wie Männer splitternackt durch Gärten streifen, reizvoller. Denn er behauptet von sich selbst, er sei Materialist. Auf einer Fortbildung habe ich einen unvergesslichen Satz gelesen: *Du kannst nicht wissen, ob Jesus genug ist, solange dir Jesus nicht alles geworden ist.*

51 FUNDGRUBE

Immer wieder werde ich von verschiedenen Menschen eingeladen, in ihrem Chor mitzusingen. Warum nicht? Sängerinnen und Sänger scheinen überall gesucht zu sein. Mein Musikerfreund Gerhard hat sich eine Kantorei auserkoren. Ich folge seiner Einladung und bin für ein Projekt dabei. Bei der gemeinsamen Autofahrt zum Chor berichten wir uns locker von unserem Tag. Der Psychiater hat Humor, erzählt ein bisschen von seinem anspruchsvollen Berufsleben. Nein, mit seinem extrem vollen Terminkalender möchte ich nicht tauschen. Zum Sporttreiben kommt er gar nicht. Mann kann nicht alles haben im Leben. Frau auch nicht.

Viele nette Leute lerne ich kennen in genau der Unverbindlichkeit, die ich mir gewünscht habe: Gemeinsame Freude an der Musik ohne weitere Verpflichtungen. Zufällig erfahre ich, dass Barbara mit einem behinderten Bruder aufgewachsen ist, ohne davon traumatisiert zu sein. Zu einem gegebenen Zeitpunkt ihres Lebens hat sie ihren Eltern dafür gedankt, weil das nicht selbstverständlich ist. Habe ich richtig gehört? Wie haben die Eltern das gemacht? Vielleicht kann ich von ihnen lernen? Hat Barbara Lust, sich mit mir darüber zu unterhalten, obwohl wir uns erst vor wenigen Monaten begegnet sind? »Wenn dir das ein Bedürfnis ist, nehme ich mir gern Zeit. Das ist doch klar!«, antwortet sie fröhlich auf meine Anfrage.

»Lass dich mal drücken!«, begrüßt sie mich an einem klaren Wintermorgen in der romantischen Altstadt ihres Wohnorts. Schade, dass ihr Lieblingscafé heute geschlossen hat. Wählen wir eben den kleinen Laden mit italienischen Lebensmitteln, wo es auch Kaffee, Frühstück und zur Feier des Tages Quittenprosecco gibt. Barbara bestellt gleich einen. »Sehr lecker!« »Am frühen Morgen?«, denke ich. »Eigentlich hat sie recht!« Wir stoßen an. Unser Gesprächsstoff scheint endlos. Die Zeit vergeht wie im Flug. Ihr Bruder Johannes leidet seit seiner Geburt am Downsyndrom. Die Mutter hat ihre Berufstätigkeit aufgegeben und spielt zu ihrer Erbauung in einem Streicher-Ensemble mit. Das besondere Kind ist mittlerweile Teil einer anthroposophisch denkenden Lebensgemeinschaft, die einen Bauernhof mit einer großen Gärtnerei bewirtschaftet. Dort wird auf seine schwindenden Kräfte Rücksicht genommen. Der Anfang-Vierzigjährige hat seinen Platz im Leben gefunden. Er kümmert sich nun um die Ernte und die Verpackung der Kräuter. Ich bin beeindruckt.

»So normal wie möglich, so exklusiv wie nötig«, lautet die Bilanz von Barbaras differenzierten, erörternden Ausführungen. Problematisches hat sie dabei nicht ausgespart. Dennoch freut sie sich über alles Gelungene. Die Familie genoss trotz vieler Befürchtungen von verschiedenen Seiten mehrere Jahre einen Auslandsaufenthalt in Rom. Der behinderte Johannes durfte als Integrationskind in eine Waldorfschule gehen, wo er sich sehr wohlfühlte. In der Adventszeit erhielt er viel Beifall und Anerkennung, weil er das Gedicht *Von drauß' vom*

Walde komm' ich her im Vergleich zu den italienischsprachigen Schülern mit Abstand am besten aufsagen konnte. Das Leben in Rom tat allen gut. Allein der Kultur wegen war es ein hoher Gewinn. Den Musikgeschmack von Johannes – Klassik und Kirchenmusik – teilt der Rest der Familie bis heute. Nach zehnmal täglich *Die Entführung aus dem Serail* hinauf und hinunter geht diese Oper allerdings auch den eingefleischtesten Mozartfans auf die Nerven.

Bei Barbaras Freundin war es anders. Zu früh und zu stark habe diese die Verantwortung für ihre behinderte Schwester übernehmen müssen, erzählt Barbara. Die chronische Überforderung habe Spuren in ihrer Seele hinterlassen. Ohne Zweifel, es gibt beides: Familien, die auf irgendeine Weise gestrandet sind durch ihr Schicksal, und Familien, die gestärkt aus ihren Erschütterungen hervorgehen.

»Wenn dein Bruder gesund auf die Welt gekommen wäre, hättest du jetzt nicht so ein großes Herz und so viel Mitgefühl für andere!«, gebe ich als Dank an Barbara zurück. Ihre Offenheit und Tiefgründigkeit beflügeln mich. »Allerdings muss ich sagen, dass jeder Fall einzigartig ist und sich solche Schicksale nicht vergleichen lassen«, hebt sie in ihrem ehrlichen Erzählen mehrfach hervor. »Johannes hat eine völlig andere Grunderkrankung als Jonathan.« Diese Frau hat nicht nur begriffen, worum es geht, sie behandelt das ganze Thema mit einer sagenhaften Sensibilität. Das ermutigt und berührt mich.

2 EIN CARPE DIEM DER BESONDEREN ART

An einem der beiden Chorprobenwochenenden gehe ich in der Mittagspause mit Ines, einer anderen Sopranistin und Organistin, Salat essen. Ihre Freundin, Frau Kehl aus dem Alt, schließt sich uns an. Die Begegnung beschenkt mich überreich! Etwas kühl finde ich es auf der Veranda vor dem italienischen Restaurant, wo uns nacheinander drei Rohkostteller serviert werden. Zugegeben, Frau Kehl, die mir nun gegenübersitzt, war mir von der ersten Chorprobe an aufgefallen. Quirlig, frech und fröhlich, wie ein Farbtupfer in einem Schwarz-Weiß-Film. Ich kann nicht beschreiben, warum sie für mich aus jeder Menschenmenge hervorstechen würde. Frau Kehl ist Frau Kehl und ein Unikum, und das ist unvergleichlich gut!

Zuerst sprechen wir über unsere Berufe, und ich habe plötzlich den Eindruck, dass ich gnadenlos ehrlich sein muss. »Ich bin

Hausfrau, pflege unseren behinderten Sohn.« Operation gelungen, Patient überlebt. Nein, in diesem Augenblick packe ich aus. Nichts fühlt sich richtiger an. Es ist, als würden sich unsichtbare Türen öffnen, mit einer Wucht aus Emotion und unbestimmter Sehnsucht. »Sanne, wenn man einen solchen Weg gehen muss, darf man für den Rest seines Lebens Musik machen!« Ines hat die Sprache zuerst wiedergefunden und dazu noch mit diesem brillanten Satz! Frau Kehl schweigt kurz, schweigt tief, schaut mich an. Hat sie für Sekunden Tränen in den Augen, oder bilde ich mir das ein und die Sonne blendet? Frau Kehl engagiert sich mit Leib und Seele in der Hospizarbeit. Sie begleitet seit Jahren schwerkranke Menschen. Am liebsten geleitet sie Kinder bis zur Schwelle zur anderen Welt. Leben und Tod, Sterben und Auferstehen, zwei Pole, scheinbare Gegensätze, aufgehoben in einer höheren Einheit, integriert in das zerbrechliche Hier und Jetzt, das wir nicht festzuhalten vermögen. Wer selbst intensiv getrauert hat oder sich professionell mit Trauer auseinandersetzt, hat einen anderen Blick auf die Gegenwart und das Geschenk des Lebens. Deshalb fürchtet sich Frau Kehl vor fast nichts und niemandem. Deshalb spüre ich ihr von Anfang an eine tiefe Freude und nahezu unversiegbare Lebendigkeit ab, die in unzähligen geheimnisvollen Grenzerfahrungen begründet liegt. Selten sind Menschen dermaßen authentisch wie in ihrer Trauer oder in Extremsituationen. Frau Kehl liebt das Wesentliche mehr als oberflächliches Vergnügen. Wenn ich meinen Freundinnen von ihr erzähle, staunen sie und haben großen Respekt. Sie dagegen hat es nicht nötig, mit ihrer besonderen Gabe zu protzen. Als wären Ehre und Anerkennung ihr Ziel! Nein, da kann sie nur lachen, darüber stehen. »Trinken wir beide nachher noch einen Kaffee zusammen?«, fragt sie mich. Ich bin begeistert, und zwar restlos. Wir müssen uns unbedingt wiedersehen!

Frau Kehl lebt mit ihrem Mann in einem winzigen Ort, in dem es immerhin einen Dorfladen gibt. Mitten in der Natur, wo sich Fuchs und Hase Gute Nacht sagen, haben sie zusammen ein altes Bauernhaus umgebaut. Urig und alternativ, unkonventionell und kreativ. Keine Türklinke gleicht der anderen. Im Badezimmer erzählen die Mosaiksteine an den Wänden Geschichten. Vom Balkon malen Eiger, Mönch und Jungfrau eine zauberhafte Bergkulisse. Frau Kehls Liebster renoviert und verkauft Antikmöbel. Einige schöne Stücke befinden sich im Wohnzimmer, ergänzt durch Kunstdrucke, Postkarten, Bilder und Gedichte. Ein wahres Traumhaus. Eine einzige Oase. *Hier bin ich Mensch, hier darf ich sein,* denke ich. Denn die knapp zwanzig Jahre Altersunterschied merke ich kaum, und Frau Kehl hat es nicht nötig, sie mich spüren zu lassen. Sie behandelt mich von Anfang an wie ihresgleichen, überhaupt nicht von oben herab. Sie hat die Lebensweisheiten nicht mit Löffeln gefressen. Sie steht einfach, wo sie steht. Ich bin, wo ich gerade mehr oder weniger bin. Und zusammen ergibt das eine Art Feuerwerkskörpermischung. Wir haben beide Temperament!

Auf unseren langen Spaziergängen – mit oder ohne Jonathan – habe ich ein hörendes und mitfühlendes Gegenüber, das alle Facetten der Trauer und auch die darin verborgenen Kostbarkeiten kennt. »Ja, da ist Verzweiflung, da ist unsagbare Ohnmacht und Schwere. Alles ganz nah beieinander. Es lässt sich phasenweise gar nicht voneinander trennen«, weiß die Freundin von ihrer ambulanten Hospizarbeit. Ich bin verstanden und aufgefangen in diesen Begegnungen, wenn wir in zügigen Schritten durch den Wald traben. Sicherlich habe ich es mit einer Frau zu tun, die selbst getrauert hat, die im Trauerprozess weiter ist als ich und die sich gleichzeitig fragt, wie Menschen in solchen Situationen unterstützt werden können. Wegen einer Augenkrankheit durchlebte sie Zeiten, in denen sie nahezu blind war. Diese Chance nutzte sie, um die anderen Sinne zu erproben. Ganze Tage verbrachte sie mit dem Hören von Büchern. Dabei fand sie Geschmack an Gedichten, einer Art von Kunst, die der Naturwissenschaftlerin bisher eher verschlossen war. Was ihr früher an Worten sperrig und bizarr erschienen war, erschloss ihr nun nach und nach Räume und Weiten. Nun werben auch die Flyer ihrer Hospizgruppe mit Poesie. Vielleicht ist Lyrik die denkbar beste Gattung für das Unfassbare?

Die Sonne geht unter, als wir auf den schmalen Feldwegen zurück Richtung Dorf wandern. Schlagartig fühle ich mich müde. Frau Kehl dagegen bleibt munter: »Kennst du *In den Wohnungen des Todes* von Nelly Sachs? Das habe ich einmal auswendig gelernt. Ich trage es für dich vor!«

> LANGE HABEN WIR das Lauschen verlernt!
> Hatte Er uns gepflanzt einst zu lauschen
> Wie Dünengras gepflanzt, am ewigen Meer,
> [...]
> Verkaufen dürfen wir nicht unser Ohr,
> O, nicht unser Ohr dürfen wir verkaufen.
> Auch auf dem Markte,
> Im Errechnen des Staubes,
> Tat manch einer schnell einen Sprung
> Auf der Sehnsucht Seil,
> Weil er etwas hörte,
> Aus dem Staube heraus tat er den Sprung
> Und sättigte sein Ohr.
> Preßt, o preßt an der Zerstörung Tag
> An die Erde das lauschende Ohr,
> Und ihr werdet hören, durch den Schlaf hindurch
> Werdet ihr hören
> Wie im Tode
> Das Leben beginnt.[49]

Weinen will ich, so sehr berühren mich die Worte. Nicht weniger berührt mich die Tatsache, dass hier eine spezielle Frau im Abendrot vor der Waldlichtung steht und mir aus dem Trost einer Literaturnobelpreisträgerin rezitiert. »Das ist gut, oder?«
»Das ist unsagbar, unsagbar schön.«

3 FRÜHSTÜCKSKONZERT

Als Andi Weiss seine CD *Heimat* herausbrachte, musste ich sie sofort kaufen. Ich schwärme von den tiefgründigen Texten, dem gelungenen Zusammenspiel von Stimme und Klavier. »Andi Weiss? Bei dem war ich auf der Hochzeit!«, erzählt mir eine Freundin aus unserer Lobpreisband. »Wie bitte?! Den wollte ich schon immer kennenlernen!« Sie versteht mich und hat ein großes Herz: »Lass uns zusammen ein Konzert im Gemeindehaus organisieren.« Im Dezember 2013 gibt es eine letzte Leerstelle auf der Tour zwischen Schluchsee und Winterthur – perfekt!

Der Samstagmorgen wird gebucht. Wenige Anrufe und E-Mails genügen, um die notwendigen Mitarbeiterinnen zu finden. Die Hilfsorganisation *Opportunity International* würde ebenfalls davon profitieren. Ich bin sprachlos und fasziniert: Gott hat sich nicht nur meiner, sondern auch meiner Löffelliste angenommen!

Draußen nieselt es nicht nur, der Regen gefriert zu mehreren Zentimetern Eisschicht. Wird der Sänger wohlbehalten hier ankommen? Aufregend ist das! Haben wir bei der Organisation etwas vergessen? Die Tische sind adventlich gedeckt, die Kuchen angekommen. Der Kaffee läuft literweise durch die Maschine. Alle freuen sich oder sind neugierig. »Hallo! Das sieht fabelhaft aus hier, ganz wunderbar!« Andi Weiss sprüht vor Lebensmut und Energie. Von Berührungsängsten keine Spur. Jeder, der sich in seine nähere Umgebung begibt, wird freundlich und begeistert begrüßt. Diesen Menschen muss man ins Herz schließen, noch bevor er singt. Die Technik steht fast. Andi trinkt lieber Schwarztee als Kaffee. »Dirk, sagst du noch etwas zu den Spenden? Moderierst du das Konzert an?« Gern! Wir Frauen halten uns zurück. Das darf der Pfarrer machen. Bevor es losgeht, ziehen wir uns in den Kindergottesdienstraum zurück und beten. Schade, dass wegen des Wetters nicht viele Besucher gekommen sind. Das stört den mit Bescheidenheit gesegneten Sänger nicht. Er würde auch für einen einzigen Menschen singen, wenn es ermutigt und berührt. »Bist du wirklich nicht nervös, oder überspielst du das Lampenfieber gekonnt?«, frage ich ihn. »Das Programm läuft. Ich habe es bereits mehrere hundert Male gespielt«, lacht Andi. Beruhigend, dass es so etwas wie Routine gibt. Ich staune, wie locker und authentisch sich der Songwriter bewegt. Beeindruckend, dass er überhaupt nicht eingebildet ist.

Heimat bedeutet, bei sich selbst zu Hause zu sein. Andi Weiss singt in seinen Liedern davon und erzählt dazu lustige und erbauliche Geschichten aus seinem Leben. Das Schwere blendet er nicht aus, den Sinn davon dürfen wir suchen und finden, selbst in den Tiefen. Sogar auf die Möglichkeit ehrenamtlicher Hospizarbeit weist er hin. Wer sich einer solchen Herausforderung stellen möchte, darf gleich mit ihm zurück nach München fahren. Wie viele Menschen sterben einsam, abgeschoben in ein steriles Klinikzimmer! Dennoch oder gerade deshalb durchzieht die Hoffnung des Glaubens und der Auferstehung seine Botschaft. Dabei spricht er nicht explizit von Gott oder Jesus. Das schätzen nicht nur Kirchenkritische. Die Presse berichtet hinterher von einem Frühstückskonzert, das den Gästen lange in Erinnerung bleiben wird.

> Dass dir der Himmel offen steht, wenn deine Welt grad untergeht und deine Augen immer wieder Gutes sehn. Und dass dich jemand liebt, wenn für dich sonst nichts übrig blieb, und deine schmerzhaften Gedanken bald vergehn. Das wünsch ich dir.[50]

Mit Sicherheit bin ich nicht die Einzige, die Tränen in den Augen hat. Es tut unsagbar gut, sich in den Texten wiederzufinden und Trost zusingen zu lassen. Keine Sekunde wird das kitschig oder sentimental, weil Andi Weiss in seiner Arbeit als Diakon und Krisenberater viel erlebt hat.

Natürlich habe ich diesem sympathischen Songpoeten im Vorfeld von meiner Löffelliste geschrieben. No risk, no fun. Würde er meine Einladung zum Essen annehmen? Es gäbe nur Kartoffelsuppe mit Würstchen, weil ich neben der Konzertorganisation nicht mehr auf die Reihe bringe. Nein, diese Bitte will er nicht ausschlagen. Zwei, drei Stunden bleiben bis zur Weiterfahrt, die investiert er gern. »Aber warum müsst ihr Frauen euer Licht ständig unter den Scheffel stellen? Die Suppe schmeckt sehr gut«, beanstandet er mit einem Grinsen über beide Backen. Mein Mann stimmt amüsiert zu. Da uns seine Texte unter die Haut gegangen sind, wollen wir nicht nur Spaß haben. Kurz und bündig fassen wir unsere Situation zusammen. »Wie geht ihr mit der Erkrankung eures Sohnes um?«, will er wissen. Dirk berichtet von seiner Leidenschaft für die Theologie und von seinem geliebten Mountainbike. Ich platze mit meinen kreativen Träumen heraus. Es ist etwas Besonderes, dass sich jemand für die Bewältigung des Alltags, den Umgang mit der Trauer und zudem für meine Ausdrucksversuche interessiert. Das sind ja gleich drei Dinge auf einmal! So ein Glück! Ideen, was ich alles anfangen und wie ich das anstellen könnte, hat der Allrounder genug. Mir wird schwindelig. Nein, nein, langsam. »Warum nicht? Du musst dir keinen Druck machen. Du bist niemandem zu etwas verpflichtet, nur dir selbst.« Das hört sich befreiend an. Vielleicht macht er in zwei, drei Jahren etwas ganz anderes! Wer weiß das schon. Am besten, wir wuchern alle mit unseren Pfunden. Ich habe mich auf den Weg gemacht. Einer meiner Lieblingskünstler möchte aus der Ferne Anteil nehmen, wie sich alles weiterentwickelt. Wahnsinn!

Drei Monate später setze ich ihn per Mail über das Erscheinen meines Erstlingswerks in Kenntnis. Charmant und nett wie er ist, bestellt er das erste Exemplar. Mein Herz ist voll Jubel: Gott macht Träume wahr!

4 ACHTERBAHNFAHRT

In wenigen Monaten feiert Jonathan seinen zehnten Geburtstag. Es ist unglaublich, wie er sich darauf freut! Er lacht und lacht und lacht fast den ganzen Tag. Ich scherze, man könne einen Lachsack aus ihm machen. Gleichzeitig wird mir unheimlich zumute. Was ist mit ihm los? Am nächsten Morgen kurz vor fünf Uhr ist er hellwach. Nasenbluten. Gott sei Dank gibt es kein Dracula-Gemetzel. Eine Viertelstunde später liege ich wieder in meinem Bett. Dann höre ich ihn lachen. »Mama, wann ist die Nacht zu Ende? Mama, ich will nicht mehr schlafen! Mama!« Gegen halb sechs gebe ich auf. Beim Frühstück schlägt seine Laune komplett um. Als Dirk ihm die Orthesen anziehen will, schreit und schimpft er, wird aggressiv wie nie. »Ich will keine kranken Beine!«, hallt sein Hader, bis der Bus kommt. Heute ist Mittwoch. Jonathan isst zu Hause zu Mittag. Seine Befindlichkeit hat sich in keinster Weise gebessert. Wegen nicht nachvollziehbarer Kleinigkeiten flippt er aus, lässt sich kaum beruhigen, schlägt um sich, krallt die Schwester, weiß nicht, wohin mit seiner Wut. Wir bringen ihn für den Mittagsschlaf ins Bett. Müde lege auch ich mich aufs Ohr und höre den Wecker nicht. Ich muss doch Matthea zum Ballett bringen! Als ich aus dem Schlafzimmer taumle, ist es zehn Minuten vor halb drei! Mist! Matthea wird in jedem Fall zu spät kommen. »Möchtest du allein gehen oder lieber hierbleiben?«, frage ich. »Mama, ich gehe allein. Das kann ich doch schon!«, grinst sie. Kaum ist die große kleine Schwester außer Haus, blökt Jonathan: »Nein! Nein! Nein! Ich will die Schwester nicht abholen! Carrera-Bahn spielen!!!« Das geht nicht. »Ich muss dich mitnehmen, oder möchtest du allein hierbleiben?« »Nein, nein, nein! Ich komme mit! Aber ich will nicht!«, schimpft der Patient. Es kostet Kraft, Jonathan gegen seinen Willen zu wickeln, anzuziehen und in den Rollstuhl zu verfrachten. Wenn ich nicht aufmerksam genug bin, schlägt er mir mit der Faust ins Gesicht oder auf den Kopf. Als mittlerweile auch geistig Behinderter kann er nichts dafür. »Die frische Luft wird uns guttun, du wirst sehen!«, argumentiere ich gegen einen hoffnungslosen Dickschädel an, der das ohnehin nicht mehr zu verstehen vermag. Beim Ballett angekommen, schimpft und rebelliert Jonathan erneut: »Wann ist die Schwester endlich fertig? Wie lange muss ich noch warten?« Er hat kein Zeitgefühl und keine Erinnerungsfähigkeit. Eine Minute erscheint ihm wie eine Ewigkeit. Da kann ich reden, was ich will.

Auf dem Heimweg erkläre ich, dass wir heute Besuch haben werden. Eine ausgesprochen nette Mutter, die wenige Schritte von uns entfernt wohnt, kommt mit ihrer Vierjährigen und ihrem sieben Monate alten Sohn zum Tee. Seit Wochen und Monaten haben wir das vor. Endlich klappt es. Die Mädchen sind sofort ein Herz und eine Seele und verschwinden in Mattheas Zimmer. »Entspannung!«, hoffe ich zuversichtlich. »Möchte der junge Mann mit mir spielen?«, fragt Jonathan auf das Charmanteste. Verständlich, dass auch er sich einen Spielkameraden wünscht. »Dafür ist das Baby noch zu klein.«, lächelt die Mutter. »Ich freue mich sehr, immer mehr mit den Kindern spielen zu können.« Sehr praktisch. Ich hole Jonathans Dauerbrenner, *Mausefalle*, und alles ist gut.

Bis die Mädchen mit Jonathans Playmobilautos durchs Wohnzimmer flitzen und er mitmachen will. Er kann nur noch kurze Strecken mit Mühe krabbeln und fällt hin. Die Mädchen sind längst zurück im Kinderzimmer. Gleichzeitig fragt mich die nette Besucherin, was Jonathan habe. Wie bin ich durch die kurze Nacht zart besaitet! In aller Sachlichkeit gebe ich eine unmissverständliche Antwort. Sie müsse sich nicht mehr mit uns treffen, wenn ihr das zu viel sei. Ich hätte Verständnis. Es sei auch in Ordnung, wenn die Mädchen ab und zu zusammen spielten. Wir wohnen nah beieinander, der Spielplatz fast vor der Haustüre. Plötzlich hat sie Tränen des Mitgefühls in den Augen. »Kann man die Krankheit aufhalten?« »Keine lebensverlängernden Maßnahmen. Ethisches Konzil. Länger leben bedeutet auch länger leiden.« Ich bedaure, dass ich sie schockieren muss. Sie hat es gut gemeint und gut gemacht. Am liebsten würde ich ihr um den Hals fallen, aber wir kennen uns kaum. Jetzt entschuldigt sie sich auch noch, dass sie mir so nahe getreten ist. »Wir kennen uns noch nicht gut«, sagt sie traurig. Währenddessen flippt Jonathan aus, verfolgt und krallt Matthea. »Die hat mein Auto! Die sind zu schnell! Ich komme nicht mit!« »Aber wir können nichts dafür und wir wollen auch spielen!«, entgegnet Matthea aufgebracht. Wo soll ich anfangen? Zuerst verabschiede ich den Besuch und betone wiederholt, dass sie sich frei fühlen sollen, was den Kontakt zu uns anbelangt. Jonathan schreit. Matthea fühlt sich ungerecht behandelt. Um wen kümmere ich mich zuerst?

Als Dirk nach Hause kommt, findet er eine aufgeriebene, vollkommen geschlauchte Mannschaft vor. Ich renne ins Schlafzimmer und meditiere: »Das ist jetzt wirklich hart für mich. Leid gehört zum Leben dazu. Ich begegne meinem Schmerz mit Zärtlichkeit.« Matthea verteidigt ihren Standpunkt. Jonathan heult, er wolle spielen, er habe kranke Beine. Mein Held richtet das Abendessen, füttert Jonathan und steckt ihn ins Bett. Jetzt lacht mein Sohn wieder, lacht auf diese eigentümliche Weise, als wäre nichts geschehen.

Zu dritt am Tisch berufen wir eine Krisensitzung ein. Was ist passiert? Jonathan leidet unter starken Stimmungsschwankungen. Phasenweise lässt er sich selbst von mir nicht mehr beruhigen. Brüllrekord: fünfundvierzig Minuten. Die entsprechenden Auslöser für seine Krisen – gesunde Kinder, Spielplätze, Überlegenheit der kleinen großen Schwester – lassen sich nicht immer vermeiden. Vorbei ist die Zeit, in der er wie durch ein Wunder die grausamen Folgen seiner Erkrankung kaum wahrnahm.

Wie soll es weitergehen? Ich staune, wie Matthea ihre Sicht schildert und Lösungsvorschläge parat hat: »Der Bruder soll allein in seinem Zimmer spielen und Ruhe geben. Ich spiele mit meiner Freundin. Die Mama ist für uns beide da.« Das hört sich gut an. Wie aber lässt sich das umsetzen? Der Bruder spielt nicht allein, weil er dazu überhaupt nicht mehr in der Lage ist. Der Tremor lässt die Hände dermaßen stark zittern, dass er nichts selbstständig tun kann. Das wiederum macht ihn endlos wütend. Seine gewaltigen Aggressionen findet jeder von uns nachvollziehbar. Nur können wir seine geballte Energie in dieser Intensität mit dem heftigen emotionalen Auf und Ab nicht mehr abfangen, geschweige denn auf Dauer aushalten. Jetzt muss sich etwas ändern.

Am nächsten Tag rufe ich in der Praxis der Kinderneurologin an. Hilfe! Der Notfalltermin mit der neuen medizinischen Verordnung ist erst in zehn Tagen! Die Zeit bis dorthin empfinde ich als Albtraum. Dirk managt das vernunftgesteuerter und mit mehr Distanz. Mein Mutterherz beobachtet und durchlebt Jonathans Ausbrüche mit großer Sorge und Unruhe. Noch vier

Tage, noch drei. Wie lange halte ich das durch ohne durchzudrehen?

Mein Goldstück entgleitet mir geistig und seelisch, und ich stehe hilflos daneben. Das Glück über sein Ausdrucksvermögen löst die Trauer über den Zerfall in Sekundenschnelle ab. Sein *Running Gag* bei jeder Gelegenheit und zu jeder Person: »Du solltest mal wieder zum Frisör« kann die schmerzhafte Realität nicht immer in den Hintergrund drängen. Entsetzen und Müdigkeit gehören zum Alltag, obwohl ich versuche, bestmöglich zu handeln. Wie bewahre ich in der Situation die Hoffnung, dass am Ende alles gut wird, obwohl es nie wieder gut werden kann? Wie soll ich ihn in dieser Verfassung genießen, weil er noch da ist? Ich habe eine Freifahrt für die Achterbahn. Da nützt es nichts, vom Kettenkarussell oder dem Riesenrad zu träumen. Erschüttert und gerüttelt bin ich einmal mehr. Ich besuche eine Freundin, die mit ihren sechzig Jahren viele Menschen begleitet hat. »Bereite dich vor! Bereitet euch vor! Viele Medikamente beschleunigen alle Prozesse«, rät sie. Zwei Straßen von unserer Wohnung entfernt wird diesen Monat eine ambulante Kinderpflegestation eröffnet. Auch palliative Pflege für Kinder und Jugendliche ist in den Dienstleistungen inbegriffen. Ich habe Angst, konsequent bis ans Ende zu denken, sehe mich nun aber dazu gezwungen. In dieser Anpassungsphase kann ich nichts aussparen. Jetzt geht es nicht mehr um den passenden Rollstuhl oder die Schnabeltasse. Suchen wir uns ein Hospiz oder lassen wir Jonathan zu Hause sterben? Ich habe Angst vor dem Ende. Krampfhaft halte ich mich an Xavier Naidoos Songtext *Dieser Weg* fest: *Dieser Weg wird kein leichter sein. Dieser Weg wird steinig und schwer. Nicht mit viel Lärm wirst du dir einig sein. Doch dieses Leben bietet so viel mehr.*[51]

Die Ärztin hat nicht nur viel Fachkompetenz und Erfahrung, sondern auch Mitgefühl für uns. Als wir Jonathan vorstellen, zeigt sie sich wenig verwundert. »Das hat nichts mit dem Degenerationsprozess zu tun. Vielmehr handelt es sich um eine häufig vorkommende psychische Reaktion auf den zunehmenden Kontrollverlust des Körpers. Auch bei Alzheimer-Patienten lässt sich das beobachten. Dagegen hilft ein Medikament, das wir steigernd in einer schwachen Dosierung geben. Damit setzen wir ihm sozusagen die rosarote Brille auf.« Dabei lächelt sie liebevoll. »Für ein synthetisches Cannabis ist es noch zu früh, zumal das schwierig wird mit den hohen Kosten. Das muss medizinisch besonders gut begründet werden.« Mich interessiert, worauf wir uns als Nächstes einstellen müssen. »Ich weiß, es ist ein schwacher Trost, aber es ist ein Trost. Jonathan ist ein sehr fröhlicher Junge. Das kommt ihm und Ihnen entgegen. Die Versteifung seiner Glieder nimmt weiterhin zu, seine Reaktions- und Wahrnehmungsfähigkeit dagegen stetig ab. Wenn er seine Sprachfähigkeit verliert, wird er geistig zu schwach sein, das bewusst zu erleben. Sie haben bereits jetzt viel Kommunikation über Körperkontakt. Außerdem verfügen Sie über viel Sensibilität, um seine Bedürfnisse auch dann noch erkennen zu können.«

Die beruhigende Nebenwirkung sollte sofort eintreten. Aber Jonathan erkrankt an Durchfall. So warten wir weitere zehn Tage auf die Regulierung seiner emotionalen Ausbrüche. Zehn Tage gefühlte Ewigkeit, in der ich mir vor Not sogar Unterstützung von Mattheas Kindergarten-Gruppenleiterin hole. Nachdem ich meine Süße am Nachmittag dort abgegeben habe, rufe ich sie an und bitte sie, mit Matthea über unsere Lage zu sprechen. Ich will wissen, wie es ihr damit geht, und zwar nicht nur aus unseren Gesprächen, sondern aus einer anderen Perspektive. Unverzüglich erhalte ich den »Mitschnitt« in Form eines gekritzelten Protokolls: »Alles ist gut. Matthea ist nicht wirklich wütend. Sie hat Verständnis.« Meine kluge Tochter äußert: »Der Jonathan soll vierzehn Tage bei der einen Oma und danach vierzehn Tage bei der anderen Oma in Urlaub gehen. Dann haben wir Zeit zum Spielen, Fahrradfahren und Faulenzen. Wir können sogar ins Schwimmbad.« Wer wünscht ihn sich nach diesen Wochen nicht, einen Urlaub von Jonathan, in dem alle aufatmen können?

Unser Süßer kann nichts dafür. Jetzt benötigen wir weitere Unterstützung. Das Orgelspielen lege ich als Erstes auf Eis. Bereits die Vorstellung weiterer Verpflichtung oder Verantwortung wird mir zu viel. Schweren Herzens verzichte ich auch einige Wochen auf den Gesang. Zeit und Kraft reichen einfach nicht aus. Jonathan dagegen findet: »Mama, du bist eine olchige Idee.«

55 RHYTHMUS

Es wäre glatt gelogen, wenn ich behaupten würde, wir könnten die Balance halten. Die Höhen und Tiefen reihen sich wie Perlen aneinander. Was ist das nur für ein Drahtseilakt, bei dem ich weit über der verlässlichen Erde schwebe? Phasenweise fühle ich mich nur noch erschöpft oder bin von Traurigkeit überwältigt. Ich will nicht mehr, weil ich nicht mehr kann. Ich kann nicht mehr, weil ich nicht mehr will. Wir sehnen uns nach weniger Schwere, neuer Leichtigkeit. Manchmal frage ich mich auch, was nach allem von mir, Matthea und uns übrig bleibt. Wo steckt die fröhliche quirlige Sanne, die am liebsten Sterne vom Himmel holt? Wir erwarten die Verheißung, dass Gott uns wohlbehalten aus der Wäsche mit vielen Wassern entlässt. Wenn das Glück des Seins unverhofft eintrifft wie ein bestelltes Paket, dessen Ankunft man nicht mehr erwartet hat, könnte ich die halbe Welt umarmen. Oftmals muss ich mich von außen anstecken lassen: eine bewegende Begegnung, ein Gespräch zwischen zwei Seelen auf einer Wellenlänge, ein zweisamer Marsch auf knisterndem Laub, Worte wie klare Nachthimmel, poetische Musik, die mich berührt. Selbstverständlich habe ich Watzlawicks *Anleitung zum Unglücklichsein* und Hirschhausens *Glück kommt selten allein* gelesen. Das bedeutet jedoch nicht, dass ich deshalb positive Gefühle aus dem Ärmel schütteln kann. Vielleicht wäre das in meiner Situation auch zu viel verlangt? Eine namhafte psychologische Zeitschrift wirbt mit dem Titel: *So geht gute Laune.* Aber Glück funktioniert nicht wie ein Automatismus. Es kostet Mut, den Happyness-Anspruch und die Balance-Bemühung durch Ehrlichkeit und Authentizität zu ersetzen. Viele bringen meine widersprüchlichen Gefühle nicht zusammen, halten entweder meine Dankbarkeit für übermenschlich oder meine Trauer für übertrieben verfrüht.

Wir empfinden es als hilfreich, unserem Leben einen festen Rhythmus zu geben. Jonathan würde durchdrehen, wenn nicht jeder Tag klar strukturiert wäre. Obwohl er die Uhr nicht lesen kann, fragt er spätestens zehn Minuten vor sechs nach dem Abendessen. Wehe, wehe, wenn ihm zwischen Frühstück und Busfahrt zur Schule nicht der Tablet-PC vor die Nase gesetzt wird und die Schwester ihm beim Spielen hilft. Vor dem Zubettgehen muss es eine Geschichte geben. Kitzeln, Kraulen, Schmusen und Beten sind Mattheas Favoriten, und zwar genau in der Reihenfolge. Wir Erwachsenen wollen mindestens einmal pro Woche zum Sport. Matthea singt im Chor und tanzt Ballett. Nach Jonathans Physiotherapie am Donnerstagnachmittag muss der Tag gemütlich und entspannt ausklingen, weil alles müde macht. Jeden Tag ein Spaziergang mit Blumenpflücken gefällt Jonathan im Moment nicht mehr. An die frische Luft muss er trotzdem täglich. Matthea tobt lieber mit Freunden. Samstagmorgens kommt in regelmäßigen Abständen Doro, Jonathans Lieblingsbetreuerin. Mit Freude bastelt sie oder füttert mit den Kindern ihre Tiere. Sonntags gehen wir zum

Gottesdienst. Matthea liebt das Kinderprogramm. Jonathan langweilt sich sehr und fragt für alle hörbar: »Wann geht das zu Ende?« Sofern mein Mann keine Termine hat, gehört der Sonntagnachmittag uns als Familie. Und montags darf Mama schreiben. Auch wenn wir den Rhythmus immer wieder neu anpassen und ausklügeln müssen – er trägt auf jeden Fall zum Überleben bei.

Wenige Wochen vor Jonathans neuntem Geburtstag konnten wir alle zusammen noch nach Frankreich ans Meer fahren. Dieses Jahr schafft Jonathan die lange Anreise wegen seiner Schmerzen und seiner nachlassenden geistigen Verfassung nicht mehr. Wahrscheinlich wird unser diesjähriger Sommerurlaub in Österreich der letzte gemeinsame Familienurlaub mit Jonathan sein. Zu unserer Entlastung wird Jonathan auch diese Sommerferien über zehn Tage auf der *Schatzinsel* verbringen. Diese katholische Einrichtung bietet eine Oase für Kinder mit den verschiedensten Behinderungen. Mittlerweile muss Matthea nicht mehr eifersüchtig auf den großen Bruder sein, weil sie in den Osterferien auch an einer Freizeit teilnehmen darf. Auf unsere Erholungswoche als Paar freuen wir uns schon sehr.

Jedes Jahr muss das Netz etwas enger gespannt werden, weil Jonathan schwächer wird. An Silvester dürfen wir erstmals zwölf Tage in einem Kinderhospiz Kraft tanken. Dort lernen wir Eltern mit ähnlichen Problemen kennen. Pädagogen und Sozialarbeiter, Kinderkrankenschwestern und Seelsorger bieten Entlastung und Unterstützung. Insbesondere für die Geschwisterkinder werden vielseitige Freizeitmöglichkeiten angeboten. Ein Hospizplatz bleibt immer frei für Familien, deren Kind in die letzte Lebensphase kommt. Hier dürfen die Schwerkranken umsorgt und geborgen sterben. Angehörige finden Begleitung in ihrer Trauer. Wunderbar, dass es Kinderhospize gibt!

Mittlerweile haben wir zwei unterschiedliche Sozialstationen für die »große Toilette« (Auskleiden, Baden, Eincremen,

Ankleiden) von Jonathan, die zweimal wöchentlich zu Hause erledigt wird. Die Leiterin eines ambulanten Kinderpflegedienstes mit Palliativpflege hat mit unserer Kinderneurologin eine Verordnung über zwanzig Stunden Kinderkrankenpflege zu Hause eingereicht. Wir sind dankbar, dass die Krankenkasse ihr Ja dazu gegeben hat. Jetzt muss nur noch das Personal organisiert werden.

Wenn ich samstags vier bis sechs Stunden kinderfrei wäre, hätte ich keine Sekunde Langeweile. Ein Nachmittag ohne Pflege würde alle glücklich machen. Die Kinderkrankenschwester könnte Jonathans Herzenswünsche für drei Stunden erfüllen. Matthea und ich hätten einen festen Termin für unsere Frauenzeit. Roller- oder Rollschuhfahren wäre super.

Im Moment suchen wir auch einen Platz in einem Pflegeheim, das Kinder akzeptiert. Bis alle Vorkehrungen getroffen sind, dauert es locker ein Jahr, und ein Heim kommt sowieso nur dann in Frage, wenn wir etwas Bezahlbares finden. Solange wir Jonathans Versorgung stemmen können, wollen wir dem Frechdachs das bestmögliche Leben in der Familie garantieren. Schmerzhaft realistisch ist jedoch auch, dass dies in absehbarer Zeit nicht mehr in unserer kleinen Wohnung geleistet werden kann. Es gibt Zeiten, in denen ich selten mehrere Nächte hintereinander durchschlafen kann.

Die Verlässlichkeit von Ebbe und Flut tröstet mich. Ein schönes Bild mit Urlaubserinnerungen an Südfrankreich bestätigt die Verheißung von Gottes Güte und Treue. Nach jedem durchlebten Tal stehen wir irgendwann wieder auf der Spitze eines Berges. Denn:

> Alles hat seine Zeit, alles auf dieser Welt hat seine ihm gesetzte Frist: Geboren werden hat seine Zeit wie auch das Sterben. Pflanzen hat seine Zeit wie auch das Ausreißen des Gepflanzten. [...] Weinen hat seine Zeit wie auch das Lachen. Klagen hat seine Zeit wie auch das Tanzen.[52]

Als Jonathan heute Morgen kurz nach sechs Uhr aufwacht, geht es ihm nicht gut. Er zittert am ganzen Körper und sagt, er wisse nicht, was mit ihm los sei. »Ich hatte kein schweres Leben gehabt«, gibt er langsam und stotternd von sich. Was soll ich dazu sagen? Ist das ein Wink aus der unsichtbaren Welt, in der alle Tränen getrocknet werden? Was wissen wir schon über die Geheimnisse zwischen unserer Wirklichkeit und Gottes unendlichen Dimensionen? Was vermögen wir wahrzunehmen von unsichtbaren Begegnungen mit Engeln oder dem Auferstandenen selbst?

6 MARATHON

Irgendwie habe ich mir alles ganz anders vorgestellt. Einen Marathon wollte ich laufen mit meinen dynamischen O-Beinen, voller Übermut und sprudelnder Energie. Gott, du hast offensichtlich andere Pläne für mich, deine Gedanken sind höher als meine. Deshalb habe ich den Marathon-Ordner umgewandelt. Die Trainingspläne, Ernährungsempfehlungen und die beiden Urkunden meiner Halbmarathons weichen den Zeilen und Seiten dieses Lebensabschnittslaufs. Zu gern wüsste ich, ob ich die 40-km-Marke bereits überschritten habe! Wann ist die nächste Versorgungsstation in Sicht? Die Verantwortung dafür kann und will ich auch selbst übernehmen. Sollte ich mich aus diesem Grund nächstes Jahr zum Steppkurs für Anfängerinnen anmelden? Oder doch lieber ein Stimmprojekt mit A-cappella-Gesang? Wie ist das, wenn ich im Ziel einlaufe? Ergreift mich ein Gefühl von Stolz und Erhabenheit? Bin ich des Laufens und Kämpfens über mehrere Jahre überdrüssig? Erhalte ich Applaus von den Tribünen eines Stadions? Oder gehe ich in der Menge willensstarker Gleichgesinnter unter? Feiere ich meinen persönlichen Sieg mit einem Gefühl von *We shall overcome?* Gebe ich mich einem sanften Lebensrhythmus hin, *dolce vita* aus Gnade und Genügsamkeit? Oder bleibe ich irgendwo auf der Strecke liegen und muss notverarztet werden? Disqualifikation ist keine Option, so viel steht fest.

Sportsgeist und Marathoneifer beschreiben meine Gefühle nur unzureichend. Emotional ähnelt mein Leben immer wieder einem kalifornischen Waldbrand. Ängstlich stehe ich mit einer handlichen, etwas angerosteten Gießkanne mittendrin und leiste Löscharbeit. Dann will ich mich dir hinhalten, mich an dir festklammern, Gott. Denn du hast gesagt und bezeugt: Ich bin der *Ich-bin-da*. Dann will ich an die vielen liebgewonnenen Menschen denken, die mit ihren Spritzpistolen, Gartenschläuchen, Wassereimern, Tankkanistern oder Löschfahrzeugen hinter mir stehen und mich glaubensvoll anfeuern. »Du schaffst es! Ihr schafft es!«

Ein einziges, unvergessliches Feuerwerk habe ich mir gewünscht, ein Feuerwerk aus Worten und Musik. Vielleicht besteht das Geheimnis darin, dass Waldbrand und Feuerwerk nah beieinander liegen. Wie beim Improvisationstheater: vom Amateur – von lateinisch *amare*, lieben – zur Rampensau. An vielen Tagen erwache ich fröhlich und zutiefst dankbar. Ich nehme mein Los an. Ohne mit der Wimper zu zucken, jongliere ich mit medizinischen Fachbegriffen, weil ich regelmäßig mit Therapeuten, Ärzten und Pflegepersonal zu tun habe. An anderen Tagen reicht der Gang in den Keller, um vollkommen unvermittelt Schiffbruch zu erleiden. Beim Müllentsorgen fällt mein Blick auf den Rollator, mit dessen Hilfe Jonathan vor vier Jahren noch gehen und begeistert Fußball spielen konnte. Er wird ihn auf dieser Erde nicht mehr brauchen. In diesen Momenten sind Tränen ein heilsames Geschenk. Wenn ich meine Waldbrände umarme und liebe, lassen sie sich vielleicht verwandeln in überraschungsbunt glitzernde Leuchtfeuer.

Ich möchte nicht umsonst leiden. Deshalb habe ich dieses Buch geschrieben. Nein, das ist unpräzise. Es hat sich geschrieben. Ich habe mich nur zur Verfügung gestellt. Genauso beschreibt das Frau Cameron in ihrem Buch über Kreativität. Was es auslösen soll oder loszulösen vermag, kann ich nur erahnen. Wortgeschenke sind die schönsten! Oder Musikgeschenke? Mein Orgellehrer meinte, die Flügel müssten mir erst noch wachsen, das brauche Zeit. Er hat recht. Mir fehlt viel Handwerkszeug und Zeit, um frei singen und Klavier oder Orgel spielen zu können. Er hat unrecht. Wie viele Male habe ich mich innerlich schon aufgeschwungen? Wie oft bin ich im Aufwind davongeflogen durch die Texte, Lieder und Klänge unterschiedlichster Poeten, Komponisten, Organisten, Sänger, Bands und Orchester? Ist die Schauspielerei beim Improvisationstheater nicht ein einziger Höhenflug? Nicht zu vergessen: meine eigenen Geisteskinder. Seit dem Wendypunkt lerne ich zunehmend, mit Erfüllung und Genuss kreativ sein und schaffen zu dürfen.

Dabei erinnere ich mich manchmal an das kleine Mädchen Sanne. Damals, unbefangen in der kindlichen Vorstellung einer offenen, schrankenlosen Welt, habe ich mir gewünscht, auf einem schwarzen Flügel zu spielen. Bei Kameradinnen war es die Prinzessin auf ihrem prächtigen Schloss, der unweit gelegene Ponyhof oder die Reise in ein zauberhaftes Inselparadies. Lange schon bin ich erwachsen und vernünftig. In meiner Fantasie stehe ich nichtsdestotrotz als Sterntaler mittendrin: in einer blühenden Wiese – ein riesiger Strauß bunter Gasluftballons in der Hand. Jeder Ballon enthält einen Wunsch, einen Traum oder eine Sehnsucht. Nacheinander lasse ich sie los. Von allein treiben sie in den weiten blauen Himmel. *Denn deine Gnade ist höher als der Himmel und deine Treue reicht, so weit die Wolken ziehen*[53], schreibt der Psalmist. Ich vertraue, dass mir alles zum Besten dienen wird, sich jeder Ballon zur richtigen Zeit in eine Postkarte verwandelt. Wie ein Bumerang kehren die Postkarten zu mir zurück. In argloser Neugier hüpfe ich ihnen entgegen, um sie aufzufangen.

Apropos, es gibt eine neue Löffelliste, auf die ich unmöglich verzichten kann:

- Bei unterschiedlichen Chorprojekten mitsingen
- Weiterschreiben
- Spinnen
- Orgel spielen
- Wieder Klavierunterricht nehmen
- Zum Stepp-Kurs anmelden
- Jodeln und Mundharmonika spielen lernen
- Die Anden Perus durchwandern
- Und was mir sonst noch einfällt

Wann ich dazu komme? Keine Ahnung! Aber ich halte das jetzt vorsichtshalber und unverbindlich fest! Vorfreude ist die schönste Freude. Achtzig Jahre werde ich mindestens, und: *Making art is making love with life.*[54]

NACHWORT

Lass mich deine Flügel suchen,
die du schon verloren meinst.
Ich will mit den Himmeln handeln.
In den Nächten, da du weinst.

Lass mich deine Klage brechen
und im silbern Morgentosen
was verwelkt ist
sterben lassen.
Deine Seele rot liebkosen
und dein Haar.

Bis sich nach und nach erhebt,
was kein Stein verheißt.
Und du lebenstrunken weißt:
Du bist wunderbar.

DANKSAGUNG

Ich danke dem Team und den LektorInnen des Hänssler-Verlags, insbesondere Ulrike Schilling und Uta Müller für ihr Vertrauen und die gute Zusammenarbeit.

Vielen Dank an Ute Steffens, Dorothea Burger und Gottfried Burger für die wertvollen Korrekturen am vorläufigen Manuskript. Eure Zuverlässigkeit und Liebenswürdigkeit haben mich sehr ermutigt.

Für die vielen Gebete und jegliche Formen der Unterstützung danke ich der evangelischen Kirchengemeinde Steinen.

Ohne meine mütterlichen Freundinnen Angela Buddecke und Bianka Bleier wäre dieses Buch nicht entstanden. Tausend Dank dafür, dass ihr mir mit Rat und Tat, Weitsicht, Nachsicht und unendlich viel Herzlichkeit und Liebe beigestanden habt!

Frauke Roloff sei Dank für ihre freundschaftliche Begleitung, die mich ebenso begeistert wie berührt.

Der größte Dank geht an meine Eltern, Dirk, Jonathan und Matthea sowie an meine treuen, unverzichtbaren Weggefährtinnen Hanna Weimann und Katharina Schmidt.

ANMERKUNGEN

1 Revolverheld. »Spinner«. CD »In Farbe«. Sony BMG, 2010.
2 Hebräer 11,1.
3 Julia Cameron. Der Weg des Künstlers. Ein spiritueller Pfad zur Aktivierung unserer Kreativität. München: Knaur, 2009, S. 83.
4 Leonard Cohen. »Suzanne«. CD »Songs of Leonard Cohen«. Columbia records, 1967.
5 A.a.O.
6 Laith Al-Deen. »Zu sehr«. CD »Für alle«. Columbia, 2004.
7 http://de.wikiquote.org/wiki/Friedrich_Nietzsche#Zitate_mit_Bezug_auf_Nietzsche, [zuletzt aufgerufen am: 19. Juni 2014].
8 Hilde Domin. Hier. Gedichte. Frankfurt am Main: Fischer, [9]1993, S. 33.
9 Marc James/Bodo Klose. »Mein ganzes Leben«. In love with Jesus 2. Asslar: Gerth Medien, 2003, S. 86.
10 Unheilig. »Geboren um zu leben«. CD »Grosse Freiheit«. Vertigo (Universal), 2010.
11 Markus 9,24.
12 Graham Kendrick. »Heaven is in my heart«. Feiert Jesus! Das Jugendliederbuch. Holzgerlingen: SCM Hänssler, [12]2013, Nr. 23.
13 Das Gebet entstammt dem Buch »2000 Years of Prayer«, herausgegeben von Michael Counsell, Canterbury Press Norwich.
14 2. Korinther 12,10.
15 Josua 1,9.
16 Römer 8,28.
17 Viktor E. Frankl. …trotzdem Ja zum Leben sagen. Ein Psychologe erlebt das Konzentrationslager. München: Kösel, [5]2013.
18 A.a.O., S. 118–119.
19 2. Korinther 1,3.
20 Melody Beattie. The language of letting go. Daily meditations on codependency. Center City (MN): Hazelden, 1990. Die deutsche Übersetzung trägt den Titel: Kraft zum Loslassen.
21 A.a.O., »Acting as if«, S. 16–17.
22 Samuel Harfst. »Das Privileg zu sein«. CD »Audiotagebuch«. Gerth Medien, 2009.

[23] Paul Klee. »Diesseitig bin ich gar nicht faßbar«. Gedichte. Neue erweiterte Ausgabe. Zürich: Die Arche, 1980, S. 7. Der Text ist Klees Grabinschrift.

[24] Hilde Domin. Rückkehr der Schiffe. Gedichte. Frankfurt am Main: Fischer, 1994, S. 55.

[25] Psalm 121,1.

[26] Paul Gerhardt (1607–1676).

[27] Psalm 121,2.

[28] Hilde Domin. Nur eine Rose als Stütze. Frankfurt am Main: Fischer, 1994, S. 60.

[29] Psalm 119,82.

[30] Gerhard Tersteegen (1697–1769).

[31] Martin Schleske. Der Klang. Vom unerhörten Sinn des Lebens. München: Kösel, [8]2014.

[32] Psalm 103,13.

[33] Lukas 2.

[34] Kaspar Friedrich Nachtenhöfer (1624–1685).

[35] Gedichtauszug aus: Hilde Domin, Die schwersten Wege. Aus: dies., Sämtliche Gedichte. © S. Fischer Verlag GmbH, Frankfurt am Main 2009.

[36] Die Überschrift geht auf den Liedtext von Arthur Freed von 1929 zurück: «I´m singin´ in the rain«.

[37] Georg Friedrich Händel. »Lascia ch'io pianga« (Lass mir die Tränen). Rezitativ und Arie aus »Rinaldo«. Händel-Renaissance Nr. 3. Arien in freien Bearbeitungen von Felix Günter. Deutsche Übersetzung von Edith Müller. Berlin: Bote&Bock.

[38] Nick Vujicic. Attitude is altitude, http://www.youtube.com/watch?v=Fk5EAxFCczM [zuletzt aufgerufen am: 22. März 2014].

[39] Unheilig. »Freiheit«. CD »Freiheit«. Four Rock Entertainment, 2004.

[40] Sprüche 31,29.

[41] Matthäus 7,7.

[42] Johannes 16,16.

[43] Johannes 16,20.

[44] Johannes 16,21.

[45] Johannes 16,23.

[46] Johannes 16,20.

[47] A.a.O.

[48] Johannes 15,5.

49 »Lange haben wir«, aus: Nelly Sachs, Werke. Kommentierte Ausgabe in vier Bänden. Herausgegeben von Aris Fioretos, Band 1: Gedichte 1940-1950. Herausgegeben von Matthias Weichelt. S. 17f. © Suhrkamp Verlag Berlin 2010.

50 Andi Weiss. »Dass dir der Himmel offen steht«. Songbook. Asslar: Gerth Medien, 2011, S. 11.

51 Xavier Naidoo. »Dieser Weg«. CD »Telegramm für X«. Naidoo Records, 2005.

52 Prediger 3,1-2.4.

53 Psalm 108,5.

54 Julia Cameron. The artist's way every day. A year of creative living. New York: Tarcher, 2009, S. 191.

Doro Zachmann, Jonas Zachmann

Ich mit ohne Mama

Knüller Jonas wird erwachsen

Gebunden, 13,5 x 20,5 cm, 336 S.,
mit vielen s/w-Fotos
Nr. 395.372, ISBN 978-3-7751-5372-0

Jonas ist 19 Jahre alt. Er ist mit Down-Syndrom und einem Herzfehler zur Welt gekommen. Was ihn aber nicht davon abhält, die Hürden des Alltags auf seine unverwechselbar originelle Weise zu meistern. Nachfolger des erfolgreichen Buches »Bin Knüller!«. Reich bebildert.

Doro Zachmann

Bin Knüller

Herz an Herz mit Jonas

Taschenbuch, 12 x 19 cm, 256 S.
Nr. 395.216, ISBN 978-3-7751-5216-7

Jonas lebt mit Down-Syndrom und hat einen schweren Herzfehler. Als er 14 Jahre alt ist, muss er wieder operiert werden. Doch er selbst ist sich sicher: Er ist ein Knüller. Gott hat ihn gemacht, und der wird auch auf ihn aufpassen. Eine humorvolle und bewegende Dokumentation der Mutter über ihr besonderes Kind.

Bitte fragen Sie in Ihrer Buchhandlung nach diesen Büchern!
Oder schreiben Sie an: SCM Hänssler, D-71087 Holzgerlingen;
E-Mail: info@scm-haenssler.de; Internet: www.scm-haenssler.de